중증장애인들의 삶을 담은 에세이
What is Social Welfare for the Disabled

삶의 다섯 조각
기억 그리고 희망

김현우 박순환 윤평실 장기현 황석우

ⓒ 이 책은 여주시 지원으로 제작 되었습니다.

What is Social Welfare for the Disabled
중증장애인들의 삶을 담은 에세이
삶의 다섯 조각
기억 그리고 희망

발 행 일	2024년 11월 28일
지 은 이	김현우 박순환 윤평실 장기현 황석우
기 획	서연하
편 집	서영희
디 자 인	김현순
발 행 인	권경민
발 행 처	한국지식문화원
출판등록	제 2021-000105호 (2021년 05월 25일)
주 소	서울시 서초구 서운로13 중앙로얄빌딩
대표전화	0507-1467-7884
홈페이지	www.kcbooks.org
이 메 일	admin@kcbooks.org
ISBN	97911-7190-075-6

ⓒ 한국지식문화원 2024
본 책 내용의 전부 또는 일부를 재사용하려면
반드시 저작권자의 동의를 받으셔야 합니다.

중증장애인들의 삶을 담은 에세이
What is Social Welfare for the Disabled

삶의 다섯 조각
기억 그리고 희망

김현우 박순환 윤평실 장기현 황석우

| 추 천 사 |

여러분! 지금 행복하신가요?

바쁜 일상과 세상의 힘겨움으로 주저앉고 싶을 때 누군가 손잡아 일으켜 세워줄 수 있다면 여러분은 다시 한 걸음 나아갈 수 있을 겁니다.

이 책은 삶의 무게에 짓눌려 고통스러운 시간을 보내거나 방향을 잃어가는 분들에게 건네는 작은 손짓이 될 것입니다.

불의의 사고로 장애를 가져야만 했던 다섯 작가의 진솔한 이야기 속에는 상실과 부정, 분노와 좌절, 우울과 자기 비난을 견뎌내고 수용과 자기 이해를 통해 새로운 목표에 도전하면서 삶에 대한 감사와 자아를 성장 시켜나가는 과정을 오롯이 담아내고 있습니다.

 일상에서 느끼는 소소한 기쁨조차 허락되지 않은 상황을 극복하고 인생의 진정한 가치를 찾아가는 여정을 함께하며 희망의 끈을 놓지 않고 앞으로 나아가는 삶을 살아가길 원하는 분들에게 이 책을 진심으로 권합니다.

여주시장 이충우

| 기획의 글 |

열여덟 번의 만남, 그리고 날아오르는 다섯 개의 꿈

 뜨거운 여름, 열정 가득한 첫 만남부터 낙엽 지는 가을, 마지막 페이지를 넘기던 순간까지, 우리는 함께였습니다. 열여덟 번의 만남 동안 켜켜이 쌓인 이야기들은 이제 한 권의 책으로 세상과 마주합니다.

 다섯 분의 삶은 고난과 역경의 연속이었을지도 모릅니다. 하지만 펜을 든 다섯 분의 손은 좌절 대신 희망을, 절망 대신 용기를 써 내려갔습니다. 그 용기 있는 고백들은 제 마음 깊은 곳에 잔잔한 감동으로 물결쳤습니다.

때로는 격렬한 폭풍우처럼, 때로는 고요한 호수처럼, 다섯 분의 이야기는 제 안에 다양한 감정의 파도를 일으켰습니다. 좌절과 마주했을 때 느꼈던 아픔, 시련을 극복하며 피어난 희망, 그리고 미래를 향한 굳건한 의지까지, 모든 순간이 생생하게 그려졌습니다.

 기획자로서, 그리고 강사로서, 저는 다섯 분의 이야기에 귀 기울이고, 그 마음을 글로 옮기는 데 미력이나마 힘을 보탰습니다. 하지만 진정한 이야기꾼은 바로 여러분입니다. 세상을 향해 용기 있게 자신의 이야기를 펼쳐낸 다섯 분의 용기에 진심으로 존경과 감사를 표합니다.

 '삶의 다섯 조각' 저서가 세상 밖으로 나올 수 있도록 아낌없이 지원해 주신 여주시청, 여주시 평생교육센터, 여주시 장애인 평생교육센터 버팀목 야학 관계자분들께 진심으로 감사드립니다.

기획자 서연하

| 발 간 사 |

「삶의 다섯 조각, 기억 그리고 희망」은 장애라는 삶의 도전 속에서 포기하지 않고 자신의 한계를 뛰어넘고자 노력한 5인의 위대한 작가들의 이야기로 채워져 있습니다. 각자가 마주한 역경은 다르지만, 꿈을 이루기 위한 용기와 끊임없는 성찰을 통해 새로운 가능성을 발견한 이들의 여정은 우리 모두에게 가슴 뜨거운 소중한 가르침이 될 것입니다.

저마다의 이야기는 고난을 극복하고, 자신과 세상의 문을 열고 달려온 인생 여정을 담고 있습니다. 이 책이 세상에 나올 수 있도록 기꺼이 마음속 깊은 이야기까지 나눠준 저자님들께 깊은 감사를 드립니다. 이들의 삶은 불가능을 가능으로 바꾸며 매일 새로운 역사를 써 내려가는 과정 그 자체였으며, 이를 통해 용기와 희망을 주고자 했습니다.

이 책이 독자 여러분의 마음에 따뜻한 위로와 함께 내일을 향한 작은 용기를 선물하기를 바랍니다. 이들의 이야기를 통해 삶의 본질을 다시금 돌아보고, 자신의 꿈을 향해 한 걸음 더 나아가는 계기가 되기를 희망합니다.

다시 한번, 이번 책을 함께 만들어 주신 모든 저자님들, 경이로운 출판프로젝트를 성공적으로 이끌어 주신 서연하 강사님, 여주시 관계자분들께 진심으로 감사드립니다.

권경민

한국지식문화원 대표

table of contents

불완전한 발걸음, 완전한 행복   김현우

남들보다 부족한 다리, 나를 채워 주던 사람들   15
균형을 찾아가는 이야기, 또 다른 장애인들과의 동행   21
아직도 방안에만 있을 모든 장애인들에게   29
무너진 나의 우주, 한 쪽 다리로 만드는 희망   41

장애는 내 삶의 등불   박순환

유년 시절과 성장 배경   53
그리운 아버지   57
예고 없이 찾아온 사고   62
세상 속으로   71

긍정의 바람꽃 · 회상   윤평실

어린 시절   81
내 인생을 바꿔놓은 사고   86
내가 만난 예수님   92
남편의 죽음과 홀로서기   97
자녀들의 사랑과 새로운 삶   100

마음의 담장 허물기　　　　　　　　　장기현

깨어진 일상 그리고 좌절　　　　　　　　109
절망속에서 피어난 희망의 꽃　　　　　　112
과학과 신의 영역　　　　　　　　　　　　116
혼돈속으로　　　　　　　　　　　　　　　118
집으로　　　　　　　　　　　　　　　　　120
운둔의 시간　　　　　　　　　　　　　　123
개미와의 전쟁　　　　　　　　　　　　　126
세상과의 연결고리　　　　　　　　　　　129
집 밖으로 나가기　　　　　　　　　　　　132
코로나 19　　　　　　　　　　　　　　　136
세상과 소통하기　　　　　　　　　　　　139
다시 찾은 삶의 의미　　　　　　　　　　142

절망 속에 홀로서기　　　　　　　　　황석우

유소년 성장기　　　　　　　　　　　　　151
청소년기와 청년기　　　　　　　　　　　156
사고 전 나의 일상　　　　　　　　　　　161
교통사고 상황과 목포 병원에서　　　　　165
서울의 병원으로　　　　　　　　　　　　177
인천의 병원에서　　　　　　　　　　　　186
법정 다툼　　　　　　　　　　　　　　　190
전신마비의 몸으로 집에서 도망침　　　　203
아무도 없는 여주에서 홀로서기 - 1　　　206
아무도 없는 여주에서 홀로서기 - 2　　　210
문해교육의 시작　　　　　　　　　　　　214
버림목 장애인 야학의 태동　　　　　　　216
2024년 장애인의 현실　　　　　　　　　218

profile

김현우
010-9042-4867
sdgusdn97@naver.com

28살
겪을 수 있는 일들은 거의 다 겪었지만
아직도 갈 길이
먼
장애인 청년입니다.

불완전한 발걸음, 완전한 행복

"어둠 속에서 길을 찾아 가다가 작은 빛을 만나
세상을 밝혀 희망의 불꽃이 언제나 너와 함께 피어나기를"
-자작시 중-

들어가며

나는 장애가 있는 28살의 장애인 청년이다.

28살, 이십 대, 대부분의 사람들은 꿈을 찾아서 살고, 결혼도 해서 가정을 이룰 수도 있고, 또 인생의 실패를 만나서 좌절하고 있을 나이다. 28년간을 장애인으로 살아오면서 많은 고비와 두려움에 '헤쳐 나갈 수 있을까?' 하는 의구심과 답답함을 느껴왔지만, 내 인생을 지나가면서 도움을 줬던 사람들 덕분에 힘든 모든 날 동안 많은 힘과 도움을 받아 고비들을 넘겨왔다.

내 삶을 짤막하게 묶어서 장애와 함께하는 동행 이야기이다. 내 나이가 아직 젊다. 그렇기에 누군가는 '어린 사람이 이렇게나 많은 고비가 있었구나'하고 비웃을 수도 있겠지만, 적어도 내 나이 때의 사람들에게만큼은 나도 이렇게 살아왔고 아파 왔으니, 아직 세상은 살만하지 않겠냐는 동기와 희망을 조금이나마 주려고 한다.

내 자작 시 하나로 프롤로그를 마친다.

촛불 하나

촛불 하나, 작은 빛
어두운 밤에 속삭여 핀다.
그 작고 여린 불꽃,
바람 또는 먼지들의 앞에
꺼지지 않게 흔들려도
힘든 순간, 괴로운 날에

내가 피우는 이 불꽃
어떤 흠집 하나에 상처받아도
결코 꺼지지 않으리.

어둠 속에서 길을 찾아
작은 빛이 세상을 밝혀
희망의 불꽃은 언제나
너와 함께, 피어나기를

혹여나 바람 앞에서 잘 흔들리고
어떤 작고 여린 불꽃들은 비록 꺼졌을지라도
그 연기만큼은
강한 연기와 강렬한 향기와
그을림만은 남아
다음 불꽃이 되는 거름으로
라도 남기를

작은 불꽃과 큰 불꽃들이 서로 빛을 발하며
세상을 비추길 바라며….

내 글에 나오는 인물의 이름은 가명을 사용하였음을 알려드립니다.

남들보다 부족한 다리,
나를 채워 주던 사람들

내가 태어났을 97년 2월의 상황

 내가 태어났을 때, 그러니까 97년 2월 17일 어머니는 임신중독증으로 인해서 임신성 당뇨를 앓으시다가 나를 낳으셨다. 난 4.7kg 우량아로 태어났는데 태어나자마자 수두증과 척추신경 공동증이라는 병을 얻었다. 먼저 수두증은 뇌에 뇌실이라는 공간에서 뇌척수액이 저절로 배출되지를 않아 뇌압 상승의 요인으로 고혈압이 발생해 죽을 수도, 아니면 뇌척수액이 적어서 뇌가 작아질 수도 있는 병이다.

 척추신경 공동증은 척추의 아래로 가는 신경들이 분리되어야 정상인데, 이들이 붙어 있다면, 하반신 마비나 배뇨장애, 하지 장애 등의 하반신 장애들을 가져올 수 있다.

내가 태어나자마자 의사는 부모님에게 두 장애 요인 중에 하나만으로도 죽거나 하반신 마비로 살 수 있다는 이야기를 들으셨다고 했다. 하지만 어느 한 대학병원의 분원으로 바로 옮겨져 나름 유능한 교수님을 만나 살 수 있었다. 아버지는 수술실 앞에서 기도를 엄청나게 하셨다고 한다.

"수술 잘 끝났습니다. 고비는 넘기셨어요, 그런데 이 친구가 덜 고생할 수 있을지는 앞으로가 더 중요할 것 같아요."

수술을 마치고 나온 의사 선생님 말씀에 아버지는 그분의 손을 잡은 채 주저앉으셨다고 했다. 이제 안심해도 된다는 느낌의 신호에 아버지의 몸이 반응한 것 같다.

내가 태어난 여주 외평리 에서의 기억들, 그곳에 향수와 나와 내 가족들의 이야기

나는 경기도 여주시에 소재 되어 있는 외평리라는 곳에서 태어났다. 나이 80세가 넘는 증조할아버지도 무시하면서 박대하던 우리 조부모는 내가 태어나기 전부터 엄마의 사업 실패를 이유로 그전부터 엄마를 마음에 들어 하지 않아 했고, 할아버지와 부모님을 외평리의 시골에 분가를 핑계로 내쫓았다. 내가 태어날 무렵 부모님은 외평리에서 4년을 사셨다.

우리 조부모님은 나를 굉장히 저능아 취급을 하시면서 그 시절을 보내셨다. 내가 태어날 때, 할머니는 나를 보러 오지도 않았고 할

아버지는 그나마 장손이라면서 나를 보려고 오셨다. 그래서일까? 아직도 이분들과는 서먹하고 외평리로 오셨던 증조할아버지의 그 시기가 본인들에게는 안 올 거라고 장담했고 오래 사신 이유로 그 나이가 왔음에도 여전히 나를 인정하지 않으시고 사촌들과 억지로 비교하면서 나를 미워하면서 사신다.

　나에게는 고모들이 3명이나 있다. 이분들과는 어릴 때 그나마 내 장애가 발현이 덜 되었을 때 그 사람들에게 나는 첫 조카이고 집안에 첫 어린아이였기 때문에 나를 보러 자주 우리 집에 왔다고 했다. 내가 성인이 되고 난 후 고모들과는 자주 보지 않은 이유도 있지만 서로에게 나름의 상처 때문인지 연락은 하지 않는다. 이분들도 할머니 할아버지 성격을 닮아서 내게는 상처와 사랑을 동시에 주던 사람들로 지금까지도 인식되어 있다.

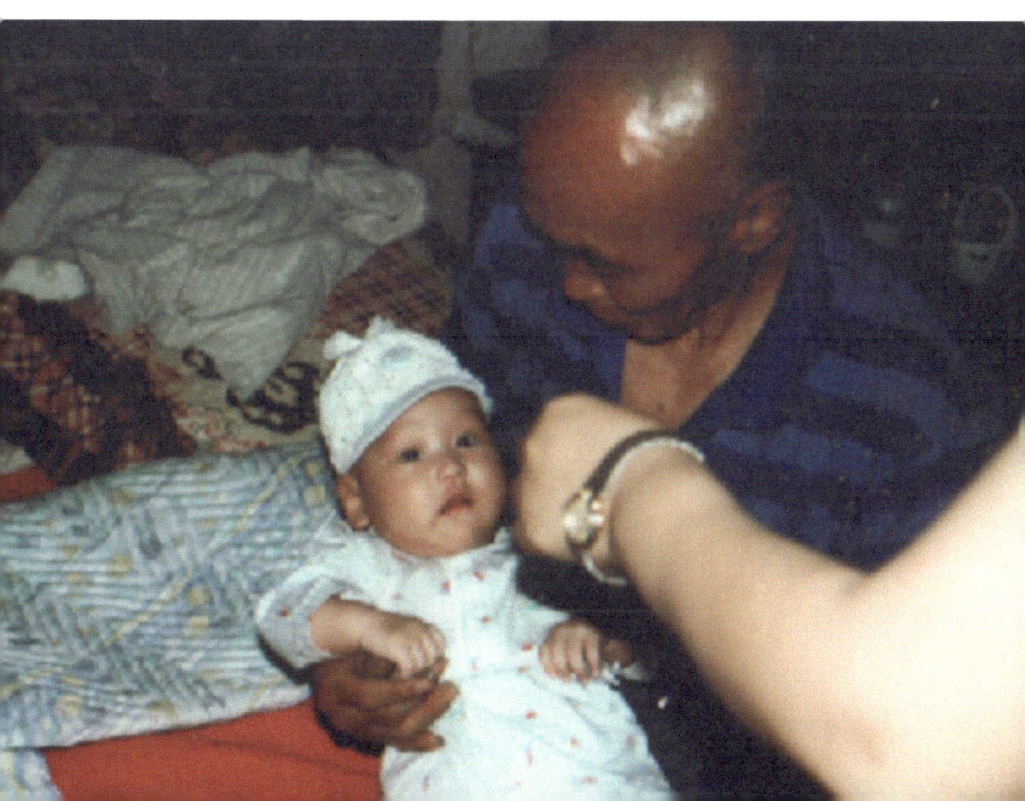

이런 이유로 내 장애와 엄마의 실패로 나와 엄마는 김씨 집안에서 나쁜 사람들이 되었지만, 지금은 각자 잘살고 있다. 이 자세한 이야기 일부는 이후 발간할 전자책에서 자세히 하도록 하겠다.

내가 만난 첫 번째 장애인, 선철이 형과 그의 가족

외평리는 4대강 사업으로 인해 예전과는 달리 자유롭게 드나들 수 없게 되었다. 그러나 내가 기억하는 그 옛날의 이포강은 풍요롭고 안전한 강이었다. 물이 비교적 깨끗해서 아버지 말로는 지금은 불법이 된 투망을 치면 모래무지, 쏘가리, 잉어 같은 지금은 멸종보호종으로 지정된 물고기부터 작고 꽤나 씨알이 굵은 물고기들이 잡혀서 강 건너 천서리 막국수 촌이 생기기 전에 매운탕 집이 있었을 정도였다고 했다.

그랬을 정도로 나의 고향은 좋은 곳이었다.

우리 윗집으로 아들 둘에 조부모 부모까지 3대가 단체로 이사를 왔다. 동갑인 선준이와 선준이 형 선철이 형을 만났다. 선철이 형이 전신마비 장애를 가지고 있는 공통점 때문에 그 집과 우리집은 서로 집을 오가며 친해졌고 그들 형제와 나는 친형제보다 더한 끈끈한 무언가가 생겨서 부모님들은 '너도 너네도 전부 내 새끼다.'라는 연대감 같은 게 생겼다.

아버지들도 성격이 맞아서 이포강으로 자주 우리를 데리고 가서 먹이고 물놀이도 시켰다. 너무 친한 사이였고 장애가 있는 선철이 형과 나를 공동으로 키우셨다고 한다. 그렇게 평화로이 즐겁게 지내던 어느 날이었다.

우리 집에서 식사를 마치고는 두 어머니는 설거지하고 계셨는데 우리 엄마가 거칠어진 선철이 형 엄마의 손을 보면서 말했다.

"언니는 선철이 다쳤을 때 어땠어요?"

"나? 그때 그냥 많이 울었지 '아침에 다녀올게요!!' 하고서 학교 가던 아 가 저녁에 그 새까맣고 어두운 병원에서 만나서는 피 흘리고 누워있으니까, 거기 가자마자 주저앉아서 울었지 그냥 그리고 당연한 것이 간절한 걸로 바뀌는 게 많았어."

"그러는 니는? 현우 태어날 때 어땠는데? 안 힘들드나?"

엄마가 대답한다.

"힘들죠…. 애는 태어나자마자 큰 수술 받고 해서 지금 저렇게 걷기라도 하죠, 죽을 수도 있다고 그랬어요. 태어나자마자 그래서 불안했고 힘들었는데 저렇게 있으니까, 다행이죠."

"그래…. 그렇겠지"

한참을 그렇게 서서 있다가 침묵을 깨고 또 이야기한다.

"언니는 앞으로 선철이에게 바라는 게 뭐에요?"
"바라는 거, 다시 엄마 아빠라고 불러 주는 거? 아니면
갑자기 발작이라도 덜 하는 거? 난 제가 편했으면 좋겠다."
"그러는 니는 현우한테 바라는 게 뭔데 힘든 거 없나?"
"저는 제 대소변이라도 가리면 좋겠어요. 배뇨장애가 있어서 기저귀라도 떼면 괜찮을 것 같은데 그거 하려면 노력해 봐야죠. 내 배 아파서 낳은 내 새끼니까 그런 험하고 아무도 안 하려는 일을 하는

거죠. 기적이라는 걸 바라지는 않지만 꿈을 꿀 수 있으니까요."
"그렇지, 우리 둘 다 우리 새끼들이니까 힘한 일도 하는 기라, 남들은 욕하고 혀나 차는 일인데 우리한테는 그게 유일한 희망이고 방법이니까 하는 거지"

두 어머니는 아니!, 세상에 모든 장애가 있는 아이를 데리고 사는 사람들의 절반은 본인이 망가지는 줄도 모르고 헌신적으로 사는 것 같다. 그리고 때로는 울기도 하고, 죽고 싶은 정도의 고통을 느끼면서 몸과 마음이 갈려 나가도, 때로는 장애가 있는 자녀가 작은 변화와 희망을 보여 주면 웃어 보이면서 다시 살아갈 힘을 얻는다.

다른 부모들도 그러하겠지만 장애를 가진 자녀를 둔 부모들도 자기 자식들은 조금이라도 어려움 없이 인생을 살아가길 바라는 마음이 크다. 하여 못 할 힘한 일들을 온 마음으로 해낸다.

  우리 엄마와 선철이 형 엄마의 이야기처럼 말이다.

  난 그전 그 옛날 우리처럼 세상 모든 장애인 가족이 잘 살 수 있는 세상이 오면 좋겠다, 그러려면 많은 게 바뀌고 위험한 곡예를 하듯 마주해야 할 이면을 보는 것부터 시작해야 한다.

  힘들겠지만 그 이면 너머엔 모두가 동등하고 같은 출발점에서 시작하는 날이 오기를, 그래서 모두가 행복하고 아프지 않기를 바란다.

균형을 찾아가는 이야기,
또 다른 장애인들과의 동행

작은 사회를 마주하는 어리고 여린 장애인들_나와 상훈이 이야기

 외평리에서 선철이네 가족과 그렇게 2년을 살고서 아파트로 이사를 했고 후에 나는 두 번의 이사를 하니 8살이 되었다. 그리고 초등학교라는 작은 사회에서 또 다른 장애인들과 동고동락하게 된다. 난 도보로 15분 거리에 학교에 입학했다. 모든 게 낯설었다. 엄마의 사업 실패로 인해서 외평리의 그 넓은 집에서 아파트로, 아파트마저 날려 단칸방으로 올 동안에 다른 사람과는 다른 내 다리와 몸은 점점 날 힘들게 했다. 왼쪽 발목의 계속된 변형으로 인한 욕창은 날 냄새 나는 아이로 만들었고 친구조차 없게 되었다.

그렇게 초등학교 입학 후 5월 학교 내 의료기록서인 서류 작업이 늦어진 탓으로 나는 다른 반에 장애인 친구들이 있던 일반학급으로 옮기게 되었다. 그 학급은 다운 증후군을 앓고 있는 상훈이 와 그 친구를 보조해 주시던 보조 선생님이 계셨다. 상훈이를 처음 봤을 때는 정말 무서웠다. 상훈이는 어느 정도 말은 어눌했어도 의사소통은 다 가능했다. 나보다 마르고 덩치도 작았고, 지능이 떨어져, 다른 친구들에게 그저 관심거리이자 장난의 대상이었던 이 친구는 유전자 이상으로 얼굴과 굽은 등을 가지고 있었으니 다른 그 친구들에게 관심과 이목을 받는 게 당연한 것이었다.

상훈이는 참 성격이 어디로 튈지 모를 친구였다. 사람과 친구들을 좋아해서 서툰 몸짓으로 자기를 표현했다. 다른 친구를 때리거나 자기 기분이 갑자기 나빠져서 그 행동에 몰입되거나, 기분이 좋아져서 갑자기 사람을 안기도 했고, 장난을 친다고 수업 시간에 몰래 사라져 이 친구를 찾으러 다니는 전담반을 꾸릴 정도로 사고뭉치이기도 했다.

장난꾸러기와 동행하는 방법

우리를 도와주시는 여러 선생님과 도우미 선생님의 일상은 습관이 되어 배우지 못한 것들을 채우게 해주었다. 상훈이와 내가 3학년이 된 후 시에서 예산이 부족하다는 이유, 상훈이와 내가 친하다는 이유, 그리고 걸을 수 있고 대소변도 가능하다는 이유로 도우미 선생님의 퇴직을 예고했다.

도우미 선생님은 참으로 착하셨고 나의 그 예민한 문제에 대해서 우리 엄마같이 해결해 주시고 내가 겪어 온 어른들과 다르게 항상 앞으로 어떻게 어떤 방법으로 살아야 하는지를 알려주시고 가르쳐 주시는 분이셨다. 마치 배고픈 아이에게 물고기를 잡아다 주는 것이 아닌 낚싯대를 만들어 물고기를 잡는 법을 알려주는 사람 같은 분이셨다. 그런데, 어느 날부터 그분과 헤어져서 나를 자주 때리고 괴롭히던 상훈이와 둘만 지내야 하고, 심지어 내가 그 친구를 챙겨서 다녀야 한다니…. 나는 그날 적지 않게 고민이 돼서 엄마에게 가서 울며 말했고 엄마는 "어쩌겠니? 아가…. 네가 상훈이 머리가 되고 상훈이는 너 머리가 돼야겠지. 잘 달래고 네가 참고 다녀봐"라는 말뿐이었다.

 나는 그날 그 이야기에 더 울고 때를 썼지만, 이내 적응하려고 노력했다, 처음에는 이 친구와 말도 하기 싫었다. 그 못생긴 얼굴에, 하는 행동은 3~4살 아이만큼도 안 되었고 내가 하나부터 열까지 전부 다 챙기고 기분도 맞춰줘야 했기 때문에 정말 힘들었고, 그 중 더욱 힘들게 한 일은, 하루에 많게는 4~5번을 특수반 수업이 있을 때 계단을 쉬는 시간 10분 안에 내려가야 했는데, 장난이나 치고 안 내려가려 하는 상훈이를 어르고 달래서 겨우 내려가도 3분 이상 늦게 되면 내가 혼나게 되었고 해명을 해도 "네가 상훈이보다 똑똑하니까, 잘 달래고 하면서 내려왔어야지!" 라고 혼나기 일쑤였다.

 상훈이는 그 순간들을 지켜보면서도 자기 잘못이 없다는 걸로 인지했고 그 이후에도 내가 곤란한 상황에 있는 걸 장난으로 즐기는 아이였다. 그러나 이러한 문제들 또한 상훈이가 가지고 평생 함께 했을 그 친구의 장애라는 문제 때문에 생긴 일이었고, 다행히도 이런 상훈의 장난과 나보다 힘을 잘 쓰는 그 친구가 나를 때린 것을 목격한 선생님들 덕분에 선생님들은 더 이상 나를 나무라지 않으셨고, 특수반으로 내려갈 때 동행해 주는 친구들을 꾸려주셔서 그런 문제만큼은 일어나지 않게 도와주셨다.

상훈의 어머니와 우리 엄마의 이야기

 앞에서 이야기한 선준이 형의 가족과 분위기가 똑같았던 가족이 상훈이에게도 있었다. 먼저, 이 친구의 아버지는 학교 체육 교사셨다. 2남 1녀를 품고 계시던 이 아버지는 내 모교에서 학년 부장급 선생님이셨고, 체육 선생님들 특성상 학교 학생부의 선도 선생님이기도 하셨던 분이다. 이 아버님은 다른 학생들에게는 장난이 없고 엄하셨으나 가끔가다가 내가 상훈이 집을 놀러 가면 잘 챙겨 주셨다. 상훈이 아버지를 존경하게 된 이유는 내가 엄마 몰래 괴롭힘을 당했을 때도 엄마에게 알리지 않고 걱정만 하던 나에게 엄마를 대신해서 몰래 그 일을 처리 해주셨기 때문이다.

상훈이와 그의 누나와 동생에 관한 이야기를 하자면 상훈이의 어머니는 상훈이가 장애로 인해서 친구들이 없는 것에 대해 한없이 불안해하셨고 신경을 많이 쓰셨다. 그런 상훈이에게 내가 있어서 다행이라고 항상 나에게 말씀 하셨고 내가 상훈이에게 당한 장난이나 괴롭힘으로 떠나지는 않을지 혹여나 걱정하시며 나에게 한없이 잘해주셨다. 이런 경험은 상훈이 누나에게도 느꼈는데 그 누나는 엄마가 상훈이에게만 신경을 써서 어릴 때부터 무척이나 서운하고 힘들어했다고 했다.

 처음으로 상훈이 집을 놀러 갔을 때, 누나는 웃고 있었고, 밖에서 계속 이곳저곳을 다니면서 "내 또 다른 동생이야! 인사해"라며 나를 소개하고 다녔다. 그 집에서 여러 날을 놀러 다니면서 시골 촌뜨기의 소심한 나에게 자기 친구들과 친한 동생들을 친구로 만들어 주었다. 상훈이 막둥이 동생 성준이는 나와 상훈이가 초1 때 태어나 9년 동안 같은 학교에 다닐 동안에 커가는 과정과 자기 형과 지내는 모든 과정을 같이 봐왔기에 장애가 있는 형을 이해하면서 커가는 아이였다. 참 귀엽고 착하고 차분했던 걸로 기억한다.

 독자이고 장남인 탓에 그렇게 다복한 행복을 모르던 나에게 상훈이네 가족은 나를 또 다른 아들로 생각하면서 지내게 해주셨고 이런 따뜻한 기운은 우리 엄마에게도 전해져서 우리 엄마와도 같이 식사도 하고 집에 있기도 한 사이가 되었다. 그렇게 친해지고 있던 어느 날 엄마와 상훈이 엄마가 하는 이야기를 들었다.

"상훈이가 현우 많이 괴롭히고 그래서 많이 곤란했죠?"

"아뇨…. 전혀요, 다른 이유도 아니고 상훈이가 가지고 있는 장애 때문에 그런 거니까 이해는 해요. 많이 타이르고 있고 많이 좋아져서 다니는 걸 보면 저도 좋아요."

몇 초간에 침묵이 이어지고 커피를 마시던 우리 엄마가 말을 이어갔다.

"상훈이 어머니는 상훈이도 아픈데 다른 아이들은 어떻게 키우셨어요?"

"뭐…. 힘든 일이 없었던 거 아니에요. 첫째한테는 미안하죠. 한참 부모 관심받고 커야 하는데 동생이 태어났고 아프기까지 해서 자기한테 가야 하는 사랑이랑 관심이 덜 했어서 그래도 지금은 저렇게 커서 자기 동생들 돌보고서 사는 거 보면 좋네요."

"대단하시네요. 저는 저 친구 하나도 저렇게 걷고 자기 구실 하게 만드느라 힘들었는데 뭐…, 다 그렇지 않겠어요? 아픈 아이를 가진 부모들은 다 그럴 거예요. 웃는 날이 올 거예요. 언젠가는"

장애가 있는 아이가 있으면 다른 자녀들은 신경을 못 쓰는 부모들이 많다. 그 때문에 싸우고 상처 주고 하지만 자기들 나름에 성장을 하다 보면 같이 사는 법을 배우는 것 같다. 이후 나는 중학교 때까지 상훈이와 같은 학교를 나왔다. 그래서 더 친해졌고, 가족이었으면 부모들이 되어 없어서는 안 될 존재가 되었고 오히려 여러 일로 힘들었던 초등학교 때 보다 수월하고 서로를 응원하는 법을 배웠다.

상훈이네 가족과 떨어져 헤어지던 날

중학교 3학년이 되었다. 나는 여전히 3년을 상훈이와 같은 반에 있었고 중2 때부터 공부해 보겠다며, 일반학급에서 공부하면서 특수반은 다니지 않았다. 그 결과 지역 인문계 명문이고 남자고등학교로 진학할 예정이었고, 상훈이는 아버지가 옮기게 된 개교한 지 얼마 안 되는 새로운 학교로 갈 예정이었다. 중2 때부터 공부하고 나서 상훈이와 같은 반이었지만 예전만큼 가까이 있지는 못했다. 그렇게 상훈이네 가족들과도 살짝은 멀어지게 되었고, 조금은 잊고 살다가 졸업식 날이 되어서야 다시 그 가족을 다시 만나게 되었다.

"현우야 나랑 친구 해줘서 고마워 때려서 미안하고 말 안 들어서 미안했어."

 현우와 같이한 지 9년 만에 늘 장난만 치고 했던 그 친구의 입에서 나온 진지한 말이었다. 난 속에서 눈물이 올라왔고 거의 눈물이 날 지경이었지만. 그리고 이 친구에게 내가 지금 할 이 말에 감정과 뜻이 닿을지는 모르겠지만, 진지한 마지막 말들과 앞으로 힘이 될 말을 했다.

"그래, 고마워, 네가 나 때리고 놀리고 골려 먹기도 했던 것들 다 너의 의지가 아니고 네 뜻이 아닌 걸 알아 상훈아, 고마워 나도 9년 동안 같이 있어 줘서, 건강해야 해. 그리고 너랑 나 같은 친구들 또 만나면 그때는 재밌게 놀고, 즐기고, 챙겨 주고 하면서 살았으면 좋겠어, 그러면 너를 찾으러 사람들이 올 거야 꼭 그렇게 되길 바랄게."

성훈이는 내 말을 듣고 좋아하던 애착 물건을 이리저리 돌리는 패턴을 멈추고 말했다.

"고마워, 너도 행복해야 하고 꼭 좋은 사람 돼서 커서 만나면 그때도 놀자."

9년을 내내 힘들어했고 즐거워도 했던 친구가 나에게 이런 말을 해주니 난 그만 눈물이 났고 그 자리에 같이 있던 가족들 모두도 눈물을 흘렸다.

졸업식이 끝나도 운동장을 한참 동안 떠나지 못했다. 이후 상훈에 대한 연락과 소식은 고등학교 이후로 끊어졌다. 상훈이는 고등학생이 되고서도 여전히 천방지축이었고 친구들을 좋아했으나 시간이 지나면서 차분해졌다고 이야기를 들었다.

장애가 있고 남들과 다르다고 해서 모든 것을 못 하고 모자란 것이 아니다. 누구나 할 수 있는 당연한 일들이 조금 늦게나마 나타내는 것이다. 상훈이와 나도 마찬가지다.

나는 또 다른 가족을 만나 의지와 힘을 얻어서 남들보다 늦은 공부를 시작해 명문 남자고등학교를 갔다. 마음이 여리고 느리고 아픈데, 표현은 서툴고 거칠어서 사고뭉치라고 생각하던 상훈이가 9년을 나와 동행하면서 가르치고 함께해 준 덕인지 조금은 나은 아이가 된 것처럼 말이다.

장애는 어려움이 아니라고 말하고 싶다. 그저 오랜 기간 쌓인 거칠고 두꺼운 먼지라고 생각한다. 이 먼지는 쉽게 지우기 힘들지만 계속 닦다 보면 그리고 다른 방법을 찾아 지우기 시작하면 지워지듯이 나와 상훈이 동행을 함께하는 모든 장애인에게 그 먼지 같은 장애와 어려움이 작은 티끌로 바뀌는 날이 오길 바란다.

아직도 방안에만 있을 모든 장애인들에게

고등학교 때의 이야기

난 고1 때부터 아예 특수반에 다니지 않기를 택했고, 중학교와 차원이 다른 공부량과 바다의 물 만큼을 치워도, 치워도 치울 수 없는 학습적 분량을 따라가느라 바쁘게 지냈다. 남들은 이걸 다 해왔으니 수월했겠지만 나는 뒤늦게 따라가야 했기에 거의 불가능한 이야기였다.

 고등학교 때부터 나는 하교 때 엄마의 픽업을 받지 못해서 버스를 타고 9정거장을 거치고 정거장에서 15분을 걸어 하교했다. 운동량만큼은 최고였으나 힘들었다. 그래서인지 집에 오면 공부를 하지 못하고 잠으로 인해서 곯아떨어지기 일쑤였다. 이때까지도 꿈이란 게 없었다. 그저 남들이 하는 것이니 했을 뿐이고 먹고살 만한 정도의 학과에 진학하길 바라는 학생이었다.

 그렇게 아무 방향도 목적도 없이 공부를 한 결과 고2 1학기 중반까지 중간 정도의 성적을 지속했다. 난 타고난 상상력과 글밥으로 타고난 전형적 문과였다. 그래서 문과를 선택했고, 친구들의 권유로 에세이 동아리에 들어가서 동아리 활동도하고 2명의 친구를 코치하여 학생부 종합의 첨부되는 상장도 받게 하여 보람도 느낀 적이 있다.

 난 이때 그나마 문학 관련 학과에 들어가고 싶다는 목적으로 공부했고, 고3 때까지 성적도 맞춰서 진학하고 싶었지만, 엄마와 어른들의 실수로 인해 등록금을 대줄 형편이 안됐고, 나에게 꿈은 좌절만 맛보게 했고, 나를 고립된 방 안에서만 살게 한 계기가 된다.

4년을 방안에만 있다가. 나오게 된 이야기

 그런 좌절로 인해서 나는 고등학교 졸업 후 방안에만 있었다. 공부한다고 끊었던 온라인 축구 게임에 빠져 살면서 하루에 몇 번을 갈아야 하는 기저귀를 방치해서 엉덩이에 욕창도 생겼고 그저 그런 상황인데도 그냥 이대로 즐기다가 죽어도 되겠다는 생각으로 방안에만 있었다. 세상으로 나가는 방법을 몰랐고, 나가서 뭘 어디서부터 어떻게 헤치고 나아가서 살아야 하는지도 막막할 뿐이고 귀찮을 뿐이었다.

이런 생활이 지속되다 보니 같이 살던 부모님의 성격도 바뀌었고 특히 아버지는 엄마의 사업 실패로 마시던 술을 절제하시다가 이런 나를 보고 술을 다시 드시기 시작했고, 허구한 날 틈만 나면 이 핑계 저 핑계로 술을 드시면서 신세 한탄을 하시고 화를 자주 터트렸고 폭력은 하시지 않으셨으나, 나는 그 지속되는 신세 한탄에 아버지가 미워서 더 방안에만 있었다. 그 이유는 나를 미워하고 부끄러워하며 엄마를 은근히 얕잡아 보는 아버지의 태도였다.

우연히 만든 나의 방안 생활의 끝 더 큰 사회로

4년 동안 집 방안에서만 있었다. 엄마가 지루하지 않고 뭐라도 해 보라면서 본인이 외할머니에게 선물 받은 금 다섯 돈을 팔아서 사주신 컴퓨터와 매달 주는 10만 원이 내 한 달 생활비 전부였다. 난 짐 덩이가 되는 것에 질려서 엄마에게 말했다.

"엄마, 나 이제 슬슬 이 생활도 질려 나가서 뭐라도 하고 싶어. 일 같은 거."
"그래…, 네가 드디어 정신을 차리는구나. 안 그래도 시청에서 장애인 행정 도우미 모집한다고 공고 뜨더라 그냥 서류 제출하고 면접만 보면 된다니 시청 가서 서류 제출하고 오자."
"엄마 내가 잘할 수 있을까?"
"잘해봐야지 힘들어도 언제까지고 집에만 있어서는 힘들어 우리가 모두 힘들어. 그러니까 가서 해 보자."

그날 즉시 엄마와 시청을 들러서 서류를 작성했다. 간단한 자기소

개서, 이력서 등을 적어 내면 되는 것이었는데 자기소개는 잘 작성했다. 하지만 아무런 자격도 없고 있는 거라고는 고등학교 때의 성적과 학생부 기록뿐이었다. 아무것도 적을 것이 없었다. 그저 몇 년도에 학교를 졸업 했는지 밖에 적을 수 없었고 그런 내가 초라하게 느껴졌지만, 서류를 제출하고 나온 시청 앞 주차장에서 엄마는 웃으셨고 내 기분은 조금이나마 풀렸다.

서류를 접수하고 나서 한 보름쯤 지나고 나서였다.

"서류를 통과하셨습니다. 이틀 후 최종면접 보러 오시면 됩니다."

시청에서 걸려 온 전화였다. 난 뛰는 듯이 기뻤다. 그 소식을 듣고는 엄마가 조용히 말한다.

"양복 사러 가자."

난 양복까지 풀로 맞춰 놓고 면접을 기다렸다. 양복은 꽤 비싼 가격이었다. 나는 우리 형편에 이런 양복은 사치라고 했지만, 엄마는 기어이 양복을 사주시고는 이틀 후 면접장까지 동행해 주셨다.

내 대기 번호는 74번이었다. 대기 번호가 많은 거로 봐서 '만만치 않은 면접이고 일자리구나!' 생각하면서 주변을 둘러보는데 발달장애인들도 있었고 나랑 같은 다리를 저는 사람들도 있었고 뇌성 마비 장애인들도 많았다. 그중에 대부분은 복지관이나 자립생활 지원센터에서 훈련받고 담당자와 온 사람들도 있어서 적잖게 놀랐고 몇몇 장애인들과 얘기해 보니 사회복지사 자격을 가지고 있었음에도 취업이 되지 않아서 온 하반신 마비의 30대 여자와 시각장애인이지만 대학을 나와서도 취업이 안 되어서 온 사람도 있었다.

그렇게 위축되어 불안한 생각이 들었지만, 자격도 없고 경력도 없어서 불안하였지만, 난 그 순간에 생각했다 '젊으니까 뭐든 해 보고 싶어서 왔다고 하자.'라고 말이다. 어느덧 내 앞번호까지 면접이 끝나기 전에 나는 그 면접 방 앞에 있었고 내 순서가 돌아왔다.

"74번 면접자분~!"
"네…. 네~~~!!"
"다음 차례니까 대기하세요!"
"네….~~!!"

긴장한데다 대답하면서 뛰는 바람에 다리가 꼬여서 넘어졌고 웃기게나마 강렬한 인상을 남기고 말았다. 난 부축받으면서 면접장을 들어갔고 면접관과 대화를 시작했다.

"앞에서 긴장하셔서 뛰어오시다가 넘어지셨다고요. 괜찮으세요?"
"네…. 괜찮습니다. 제가 긴장을 하거나 급하면 모든 행동이 빨라져서요. 다행히 다친 그곳은 없습니다."
"네, 다행입니다, 그러면 질문드릴게요. 보니까 이천고등학교 나오셨더라고요. 그런데 인문계 고등학교는 대학을 가기 위해서 다니는 곳인데 대학을 못 가신 이유가 있으실까요?"
"네…. 제가 3년 동안 꿈을 찾아서 목표가 뚜렷해서 공부하기보다는 남들이 하는 공부이기 때문에 했거든요. 그러다가 2학년 때 꿈을 찾아서 국문과를 가고 싶어서 성적도 맞추고 했는데 결국은 가정환경의 이유로 대학을 가진 못했고, 그것으로 인해 우울증과 몸만 망치고 방에서 게임만 하다가 이제 이런 생활이 지쳐서 나오게 되었습니다."

"네, 잘하셨어요, 그건 정말 잘하신 일이에요. 그러면 무슨 일이든 하실 수 있으시겠어요?"

"네…! 저는 돈도 돈이지만 세상을 다시 배우러 온 것이니까요. 시키는 일은 무엇이든지 다 해 보겠습니다."

"네, 면접은 이제 끝나셨고, 상황을 고려해서 맞는 기관이 있으면 연락드리겠습니다. 조심히 귀가 하세요!!"

세상에서 제일 떨리고 힘든 시간이었다. 그래도 연락을 준다는 말에 나는 설레며 기다렸다. 며칠 뒤, 문자와 전화로 합격 소리를 들었다. 난 그때 서야 울음을 터트리고 '이제 됐다'는 얘기를 마음속으로 여러 번 했다. 며칠 후 합격자 소집 날이 있었다. 이곳에서 내 근무 배치지가 정해졌는데 이곳은 장애인들이 모여 비장애인 관리자들과 비닐봉지를 생산하여 직업적으로 재활을 하면서 경제적으로 일을 하는 곳이었다.

난 그곳에서 납품용 쓰레기봉투의 부착되는 바코드 스티커를 붙이거나 불량이 난 봉투나 바코드를 폐기하는, 불량 처리하는 일을 했다. 상사들은 나를 정말 좋아해 주셨다. 처음에 일을 배울 당시에도 어색하고 적응이 안 되어서 버벅거릴 때도 웃으면서 가르쳐 주셨고 알려주셨다. 나를 담당하던 행정부 막내와도 친해졌었는데 이 친구는 나와 동갑이었고 지역의 학교에서 한두 다리 건너 아는 친구들이 있었던 사이였다. 이 사람 덕분에 나는 1년을 잘 견뎠고 마지막 1년이 다해서 헤어지던 날 다시 만나자면서 전화번호까지 교환하고 헤어졌던 기억이 있다.

내가 방안을 나와 마주하고 있던 첫 사회는 전염병 유행으로 힘들었고 아팠고 우울했지만, 그 속에서 사람들을 만나면서 더 밝게 웃을 수 있었고 저마다의 사는 이야기도 들으면서 있을 수 있던 곳이었다.

코로나 시절, 재취업 실패와 엄마의 반복된 사업 실패와 지금까지 함께한 이모의 등장

 2021년 행정 도우미 일자리가 끝나고 나는 연계해서 직장을 찾아보려 했지만, 찾을 수가 없었다. 이전에 일했던 작업장에서 일하고 싶었어도 보안과 정책상의 조항을 계약상에 들면서 시청에서는 그쪽으로는 다시 취업할 수 없다는 이야기를 들었다. 어쩔 수 없는 상황 앞에 포기하고, 나는 또다시 방안에 강제로 있어야 했다. 그나마 전보다 나은 것은 내가 세상 밖으로 나가야 내가 사는 이유를 알 수 있겠다는 마인드가 생긴 것이다. 하지만 이내 생각을 접게 되는 일이 생기게 된다.

 내가 집에 다시 있기 시작했을 때 엄마는 정수기 점검을 하시면서 생계에 보탬을 하고 계셨다. 하지만 또다시 엄마는 방문판매 사업이란 좋은 말로 포장된 다단계 사업에 슬슬 빠지게 되셨고 그 물건들을 하나둘씩 사 모으기 시작했다. 그로 인해 옛날부터 염증을 느끼고 계시던 아버지는 내가 취업을 하면서 끊으셨던 술을 다시 입에 대기 시작했고 말싸움이 지속되기를 몇 달째 지속하던 어느 날, 엄마가 말했다.

"엄마가 이제 질린다. 너희 아빠 맨날 나간다고 협박하고 옛날에 내가 잘못해서 저런다고 내 탓만 하면서 사는가!, 이제 지겨워."

나는 그냥 듣고만 있었다.

"현우야, 이번에는 달라 대리점 차리면 화장품 팔면서 수익도 되고 한다니까 엄마 좀 도와줘 너 가지고 있는 거 다 달라고 안 할게 반만 빌려줘."

참 이 순간은 지금도 잊을 수가 없다. 안되는 걸 알면서도 아버지가 언제까지나 저렇게 나오는 걸 볼 수가 없었다. 더 보고 있다가는 내가 죽을 것 같아서 엄마의 사업을 내 돈을 합해 도와줬다. 그러나 제대로 될 리가 없었다.

다단계, 그곳은 황량한 사막 같은 곳이면서 오아시스다. 간혹가다 오아시스가 희미하게 보이지만 몇 번이나 멀리 더 가야 할지 가늠이 안 되었고, 만에 하나 오아시스에 닿아도 줄이 끝없이 서 있어서 내 차례는 언제 올 것인가? 라는 불안과 희망을 끌어안고 있는, 먼저 올라간 사람들을 바라보는, 이미 끝난 게임에 참가한 관전자, 그 이상 그 이하도 아니었다. 우리 엄마는 모르긴 몰라도 이 게임에 승리자가 아닌 관전자였다.

이때를 기점으로 나를 지켜보던 우리 이모는 몇 년 만에 찾아간 나와 엄마를 보고 동업을 하시기로 했다. 다단계인 걸 알았지만 나를 키워 보시려고 했던 결정이었다고 최근에 말씀하셨다. 이모는 지금까지도 내 활동 보조사로 일하시면서 내 일에 대해서는 모든 걸 해주시면서 엄마와 나를 거둬 주셨다. 집에만 있던 나를 이때부터 챙기고 지원해 주셨다. 하나부터 열까지 다해주셨는데 식성 좋은 내가 먹을 것에 대해서 걱정 없게 해주셨고, 옷도 사주시고 무엇보다 사는 법과 내게 부족한 사회성과 예의를 가르쳐 주신 분이다. 어릴 적부터 안면이 있던 분이지만 이모를 엄마의 사업 이전에 만났다면 좀 더 빨리 사람이 되었을 거라는 생각이 들었다.

엄마의 다가오는 실패, 26살의 진 빚, 그리고 절단된 왼쪽 다리

 나는 이모를 만나서 조금은 밝아지고, 활발해지려는 것 외에는 달라지는 게 없었다. 여전히 집에만 있었고. 내 카드 한도와 내가 모은 돈까지 들어간 엄마의 사업이 성공할지에 대해서 하루하루 불안했다. 어쩌면 결과를 알면서도 불안과 행복 사이에 줄다리기하며 많이 불안정했고 그렇게 좋아하는 이모 집에 가는 일도 뜸해졌다.

 그러던 어느 날이었다. 왼쪽 발바닥에 굳은살이 박혀 있던 것이 안에서 검게 변하는 걸 보았다. 나는 그것을 대수롭지 않게 생각했다. 아니 정확하게는 이것이 혹시나 또 욕창으로 변하면 엄마가 그 다단계 사업을 이어나가는 것이 힘들어질까 봐 가만히 꾹 참고서 있었던 것 같다, 무엇보다 나를 신경 쓰지 않고 다단계하고 다닌다고 아버지가 엄마를 나무랄까 혼자 병원에 다니고 드레싱을 했다.

 그리고 또 한 가지 생각을 한 것이 '혹시나 상처가 나면 더디게 늦게라도 나을 거야.'라는 안일한 생각이 있었다. 하지만 이 생각은 그리 오래가지 않았다, 굳은살은 점점 썩어 궤양을 만들었고, 이 궤양은 욕창으로 변해서 점점 나 혼자 드레싱 하기엔 힘들어지는 지경에까지 왔다.

23살의 여름이었다. 더 이상 숨기기에는 살이 썩어서 냄새가 났기에 엄마에게 말했고, 내가 살던 이천에서 제일 큰 병원에 입원했다. 그러나 3일이 지나도 의사는 원인을 찾지 못했다.

너무나도 답답했다. 이렇게까지 기다릴 일이었는가 말이다. 그렇게 여러 검사만 하고 기다린 결과 입원 5일 차에 내과 교수에게서 당뇨로 인한 당뇨발이라고 이야기를 들었고 큰 병원으로 옮기어 치료받으라고 했다.

26살에 당뇨라니…. 그것도 1형 당뇨라고 몰랐냐고 혼나기까지 했다. 그리고 이미 진행도 많이 되어서 절단을 고려해야 한다면서 무릎까지는 살릴 수 있을지 미지수라는 이야기도 들었다.

태어나면서부터 당뇨도 안고 태어난 것이었고 관리를 하지 않은 결과 지금의 절단 직전까지 온 것이다. 난 이 소식을 엄마에게 전했고, 아버지와 이모도 이 얘기를 듣자마자 달려와서 나를 그냥 안아주셨다.

'안녕 나의 암울한 우주, 그리고 또 안녕. 나의 왼쪽 다리.'

며칠 이천에서 제일 큰 병원에서 퇴원했고, 어릴 적에 수술을 여러 번 한 병원으로 진료를 하러 갔다. 하지만 의사에게는 이전 병원에서와 같은 말뿐이었다.

난 그날 절단을 해야 한다는 얘기를 듣고 그간의 서러움과 여러 번은 겪은 실패의 순간을 그리고 상실의 순간을 그 어느 때보다 크게 느꼈다.

 내가 진료실을 나간 순간 엄마는 화장실을 잠시 간다고 하며 50m 떨어진 화장실을 가셨다. 그 조용하고 한적했던 병원 복도 사이로 엄마의 탄식 섞인 울음소리가 들렸다….

 '모든 내 탓이었다. 내가 밝았고 내가 세상 밖으로 일찍 나갔더라면 꿈을 찾는다는 핑계로…. 뭘 할지 모르겠다는 핑계로 내가 이러고 살지만 않았다면….'

 라며 모든 순간을 외면하는 동시에 그 시간을 마주했다는 게 그리고 엄마를 제일 크게 울렸다는 게 그냥 그게 힘들었다. 진정되고 나서 전문 간호사가 수술비용을 이야기하면서 입원 기간과 수술 과정을 설명했다.

 감염이 심해서 3달 이상의 기간이 있을 수 있다고 했다. 그리고 입원을 한 지 3일 만에 엄마와는 떨어지고 이모와도 떨어져서 난 수술을 예정 받았다.

 그리고 4일째 되는 날 수술대에 누워있을 때 잠깐 시간을 달라고 했고 그 짧은 1분의 시간 동안 내가 믿는 하나님에게 간절히 무사하게 나오게 해달라면서 기도하면서 마지막으로 나는 나의 왼쪽 다리에게 말했다.

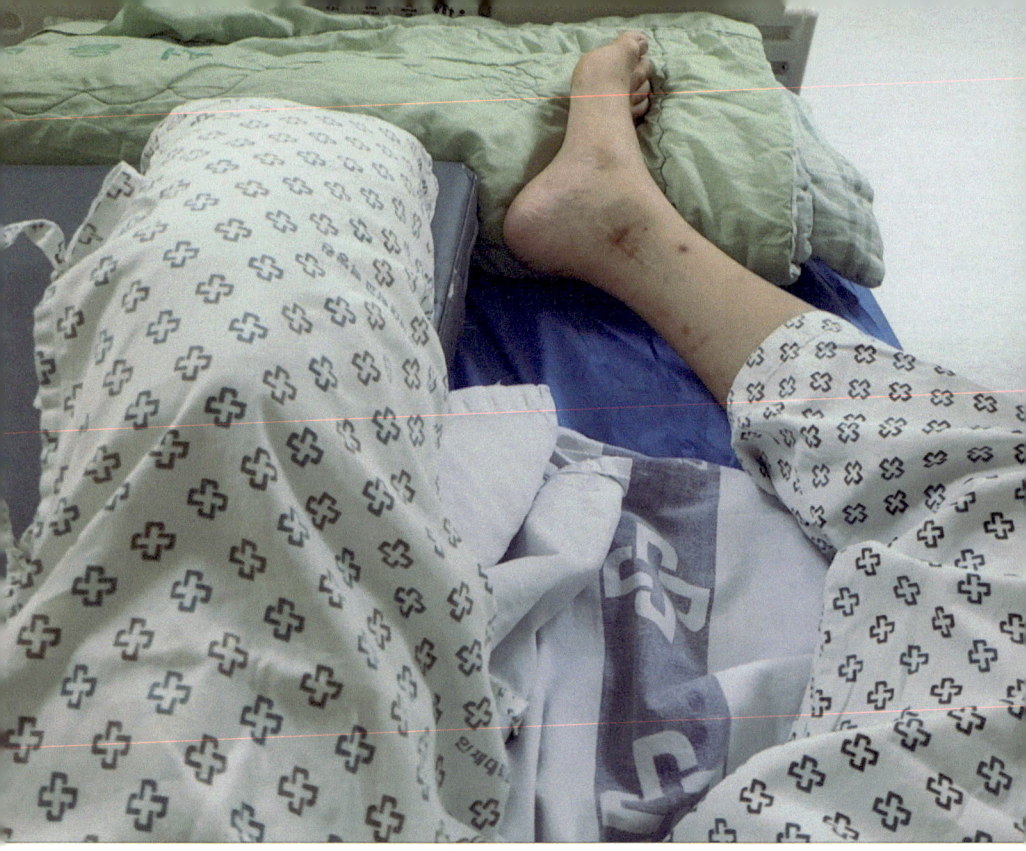

"안녕…. 나의 왼쪽 다리야 25년을 나의 우주에서 살아 줘서 고마웠다. 체력 약하고 강하지 못한 주인 때문에 고생 많았다. 앞으로는 나의 다른 우주에서 다시 만나자, 안녕…. 미안해 아프게만 해서 조금은 달라진 너의 모습으로, 더 커지고 웅장하고 조금은 밝은 우주에서 다시 만나자. 헤아릴 수 없이 크고 웅장한 그 우주에서 만나자."

현재 왼쪽 무릎만이 살아서 걸을 수 있게 되었다. 하지만 난 많은 걸 배워야 했다. 그렇게 나의 한쪽 다리로의 여정과 그 안에서의 새로운 우주가 펼쳐지게 된다. 이다음이 마지막 장이며 마지막 장은 이 우주에 관한 이야기이다.

무너진 나의 우주,
한 쪽 다리로 만드는 희망

한쪽 하지 절단 수술 이후 병원에서 한 이야기

 나의 왼쪽 다리가 잠시 여행을 갔다. 입원하는 동안 나를 돕기 위해 많은 의료진이 애를 쓰셨다. 감염으로 인해서 심하게 냄새가 났음에도 몇 시간마다 와서 내 자세와 움직임을 봐주었고 감염이 심해서 장내에도 유해균이 작용해서 설사를 계속하는 바람에 그때마다 움직일 수 없는, 덩치도 큰 나를 이리저리 아프지 않게 봐주면서 기저귀도 갈아주고 하셨다. 그렇게 동고동락 하게 되어 만든 100일이라는 시간은 친한 사람들을 만들어 주었다.

 밤마다 환상통에 시달려서 힘들 때 한 간호사와 병동 하나를 도는 간병인분과 친해져서 마지막의 순간에는 헤어지기 힘들어하면서 눈물로 그들과 이별했다.

이런 말이 있다. '병원에서의 의료진과의 만남은 그리고 그 친분은 없어져야 한다.' 이들과 다시 만난다는 것은 그들이 고생하고 내가 아프다는 증거이기 때문이다. 100일 후 나는 병원에서 친해진 사람들을 뒤로하고 한쪽 다리의 삶으로 집에 돌아왔다. 모든 것이 낯설었고, 모든 것들이 힘들었다.

수술 이후 삶 버팀목을 만나기 전의 2년간의 이야기

 그렇게 나는 이모 덕분에 많은 걸 얻고 살고 있다. 우리 이모는 내가 절단 수술을 받을 때 1,200만 원에 가까운 병원비를 해결할 수 있도록 많은 걸 알아보시고 지원 방법도 알아서 처리해 주셨다.

 그 덕에 아직은 내 빚과 채무에 대해서는 자유롭지는 못해도 그때 이모에게 받은 지원과 사랑이 있었고, 지금까지도 모든 일과 문제를 이모와 상의하며 엄마와 잘 살아 있다.

 나에게는 고양이 두 마리가 있었다. 이름은 일륜이와 이륜이 이 친구들의 이름의 어원은 5남매이고 각각 올림픽 오륜기의 이름을 따서 일륜이 부 터 오륜이 까지 이름이 지어져 있었다. 안타깝게도 이륜이는 몸이 약해서 먼저 세상을 떠났다. 하지만 얘네들은 절단 이후 회복하는 데 힘써야 했고 아직은 코로나가 없어지지 않아 일하고 싶어도 아무것도 못 하고 집에만 있어야 했던 시절에 큰 힘과 위로와 책임감을 주고, 알게 했으며 같이 사는 법과 사랑을 주는 법을 알려주었다.

 이모로부터 많은 걸 받고 내가 이모를 다시 알아가고 따르는 순간과 동시에 계절이 바뀌었고 1년이 지나 많을 걸 이루고 그 결과로 지난해 내가 살던, 결론적으론 내가 살기에 적합했던 여주로 다시 이사를 할 수 있었다. 시골에 쥐가 나오고 뱀이 기어다니는 집에서 여주에 비교적 깨끗하고 혼자 살만한 아파트가 나와 임대로 이사를 했다.

또 한 번의 큰 수술 그리고 내 고향 여주로의 귀환

 그렇게 이사를 알아보고 있었던 어느 날의 봄 4월이었다.

 어느 날 욕실 의자에 앉아 샤워하는 중에 목에 멍울이 만져졌다. 정확하게 목이었다. 어릴 적 머리부터 배까지 길에 심어 놓은 가느다란 관에 문제가 생긴 것이다. 나는 또 건강 문제를 숨겼고, 큰 문제인 것을 어른들이 알게 되었고 그 길로 이모와 엄마에게 혼이 나서 27년 전에 수술했던 병원에 방문했다.

 27년 전 나를 수술하신 분이 아직 까지도 계셨기에 그 병원을 갔다. 그렇게 간 그 병원에서 나를 다시 만나게 된 교수님에게 오래 살 수 없을 거라고 장담했는데 신기하고 반갑다는 이야기와 함께 이 병의 원인 들었다.

 원인은 27년을 견딘 내 몸 속안의 관이 석회화가 진행되어 다시 머리와 배를 열어서 제거하고 심는 수술이 필요하다는 것이다. 그 날 나는 바로 수술 날짜를 잡았다. 그런데 한 가지 걸리는 게 있었다. 바로 이사 날짜였다. 내 수술 기간과 이사가 겹친 것이다. 이런 내 고민이 내 머리를 스치는 순간 나는 가족에게 물었다.

 "나 없이 이사를 할 수 있겠어?"

오히려 가족들은 웃으면서 네가 없으면 오히려 움직이기 편하고 이사가 수월하니까 치료나 잘 받으라 했다. 그렇게 나는 나 없이 이사할 가족들을 걱정하며 수술을 받았다. 7~10월까지 중간에 한 번의 퇴원과 입원을 더 겪으면서 10월에서야 아파트 생활을 시작했고 지금 나는 많은 만족과 동시에 책임을 느끼면서 잘 내고 있다. 가족과 소통하면서 작년을 보냈다. 절단했을 때와 비교하면 그나마 절망과 두려움이 덜한 것이었고, 응원하는 사람들이 나를 끌어 주고 확신을 심어주고 있다는 것이었다. 나는 그렇게 또 집에만 있어야 했지만, 시골에서의 불안했던 삶을 지나 지난해 행복하고 좋은 삶을 아파트에서 시작했다.

완전한 사회로의 걸음 버팀목을 만나다.

지난해 3월부터 집에만 있는 게 또 지겨워졌다. 나는 간절하게 일자리를 찾고 일을 하고 싶었다. 그러던 와중에 이모에게 여주시 장애인 자립 재활센터라는 장애인들과 비장애인들이 함께 있는 곳이 있다는 얘기를 들었다. 이곳은 프로그램도 많고 적게나마 일자리를 할 수 있는 곳이란 얘기를 들었다.

난 이곳에서 우리 센터의 국장님과 소장님을 만나서 상담했다. 이때 내 젊음과 가능성을 봐주신 이분들은 사회복지사를 권유해 주셨다. 그땐 사회복지사를 딸 자신이 없어 일단 일자리부터 시작해 센터를 다니면서 같은 장애인들과 비장애인들을 만나서 사람들과 공존하고 배려하면서 사는 법을 배우고 싶었다. 나는 다시 여주로 이사 온 지 1년이 채 안 된 사람이었고 어찌 보면 외지인이었지만 국장님과 센터장님의 배려로 시화를 시작해 보치아 등을 배우면서 센터에 적응해나갔다.

 오랜 시간 집에서만 지낸 탓에 누가 봐도 사회성이 부족했던 나였지만 이곳에서의 인연으로 처음 온 이곳에서 운영되고 있던 권리 중심 중증장애인 맞춤형 공공 일자리에 자리가 남게 되어서 일원으로 생활하게 되었다. 유엔 장애인 권리협약의 보장된 권익옹호, 장애인식 개선 활동, 문화예술 활동을 통해 중증장애인도 일과 노동을 하면서 살 수 있다는 걸 알게 해준 일자리였다.

 처음에는 이곳 일자리에서 하는 모든 활동이 어색했다. 춤을 추는 것도 노동이 되고 색칠하는 것도 노동이 되고 우리가 하는 모든 것이 노동이고 일이 되는 곳이었지만 처음 이곳에 와서 한 3개월은 어색해서 춤과 노래는 잘하지 못했다. 그러나 시간이 지나 모든 것이 적응되고 나를 놓아 버리고 겸손해지는 법을 배우니까 이제 이러한 일도 재미있는 일과 보람을 느끼는 일이 되었다. 그리고 이제 겨우 1년이 안 된 시간이지만 이 일자리와 내가 소속된 센터에서 공존하고 내 목소리를 내고 남의 목소리를 듣는 법을 배우고 있다.

 전처를 차근차근 밟고 커가고 있으니, 이제는 내가 일을 찾아서 하려 하고 주어진 일에 최선을 다하여, 원하는 자세로 이 일자리를 다니고 있다. 하지만 나는 여전히 아직 웃는 법을 모른다. 매사에 인상을 쓰고 다녔으니 완전히 없어지기까지 오랜 시간이 걸릴 것이다. 그럼에도 이제 누가 사진 찍자고 하면 포즈 취하고 웃는 게 익숙해져 간다.

이 책을 쓰게 된 시점은 내가 이곳 센터를 이용하여 내생이 처음으로 보람됨을 느끼고 재미를 느끼고 사회복지사라는 내 생의 큰 도전을 하는 시기이다. 난 참으로 센터에 계시는 모든 선생님과 이용자님들에게 감사하다. 비장애인과 장애인이 이렇게까지 격과 편견 없이 살 수 있다는 걸 알려주었고 그 속에서 내가 무얼 해야 하는지를 알려주었기 때문이다.

그리고 나에게 꿈이라면 꿈인 작은 소망 같은 게 생겼다. 나 같은 이들이 다른 사람들과 공존하고 배우면서 밖으로 나오는 것을 두려워하지 않는 법과 세상을 알게 해주는 것, 그것이 나의 꿈이다.

그리고 내가 여기서 비장애인들과 장애인들의 같이 하는 활동과 가치 있는 일들을 같이해나가는 걸 보면서 배운 것이며 이것이 방 안에만 있는 사람들에게 필요한 것 같다. 이것이 장애인에게 국한된 것이 아닌 어떠한 이유에서든 방에만 있는 사람이라도 말이다.

앞으로 이곳에서 더 큰 사회를 꿈꾸면서 살기를 바라며, 누군가는 내가 있어야 하기를 바라는 꿈을 꾸고 있다. 장애인과 비장애인이 이 이상으로 더 어울리면서 공존하는 더 큰 사회가 오기를 바란다.

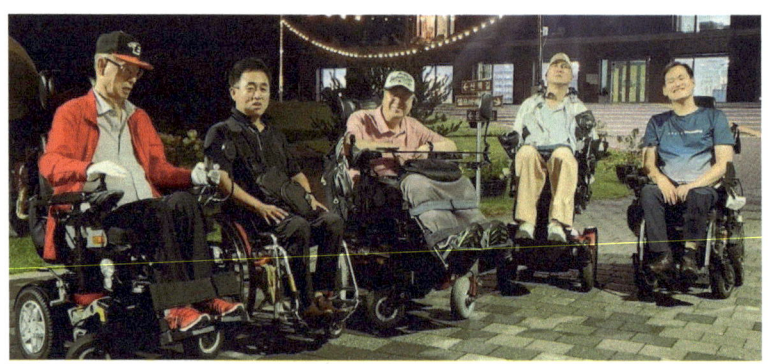

마치며

'방황하고 절망하여 큰 사회로 나오질 못하고 있는 이들에게'

난 내 이야기를 에세이로 낸다고 했을 때 큰 걱정이 두가지였다.
첫째, 인생의 반이나 방안에만 있던 내가 과연 사람들에게 희망을 줄 수 있을까?
둘째, 내가 이런 이야기들을 한다고 한들 과연, 누가 내 이야기를 듣고 힘이 될까?

내 답과 의도는 분명하고 간단했다. 적어도 내 또래 장애인들과 젊은 사람들에게는,

"이렇게 살아 온 사람도 있구나! 나도 뭐라도 해 볼까?"

메시지가 닿는 사람이 한 사람이라도 있길 바라는 마음으로 바뀌었다. 삶에 여러 고비와 좌절과 실패를 나름 겪은 나라는 사람의 이야기가 희망찬 촛불의 작은 불씨가 되길 바란다.

지금 방안에만 있는 당신과 나 같은 실패와 실수를 겪는 모든 이에게 말한다.

여러분들이 지금 어떤 강도와 세기로 삶을 살고 있을지 조금은 알 거 같다. 그리고 세상이 무서워서 그로 아픔으로 인해 숨는 이유도 알 것 같다. 하지만 그렇다고 더 깊은 심연으로 빠져들어 간다면 정말 다시는 나오지 못 할 수 있다. 그러기 전에 작은 몸짓이라도 하루하루 해나가면서 살아 보길 바란다. 그 작고 여린 몸짓이 언젠가는 당신 전체의 삶을 바꾸는 큰 동작이 되어 당신을 큰 사회로 이끄는 버팀목이 될 것이다. 그 버팀목이 또 다른 누군가를 받쳐주는 버팀목으로…

세상의 나와 같은 사람들을 위해

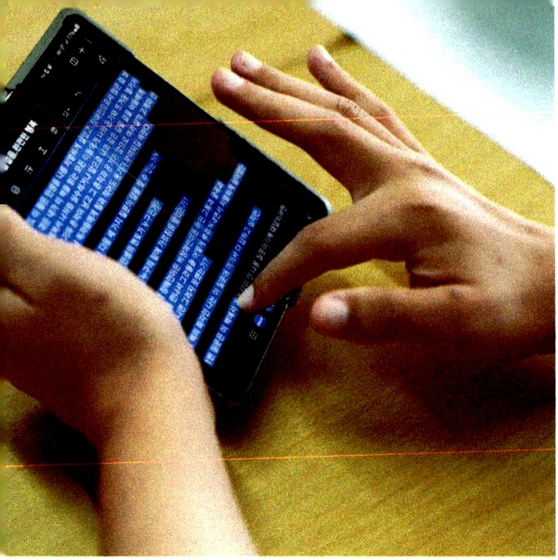
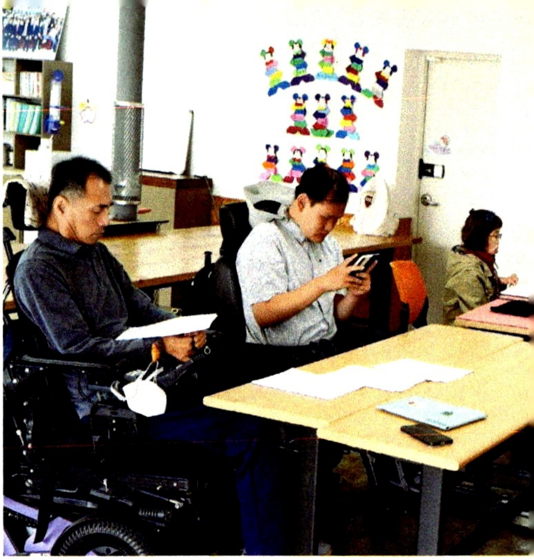
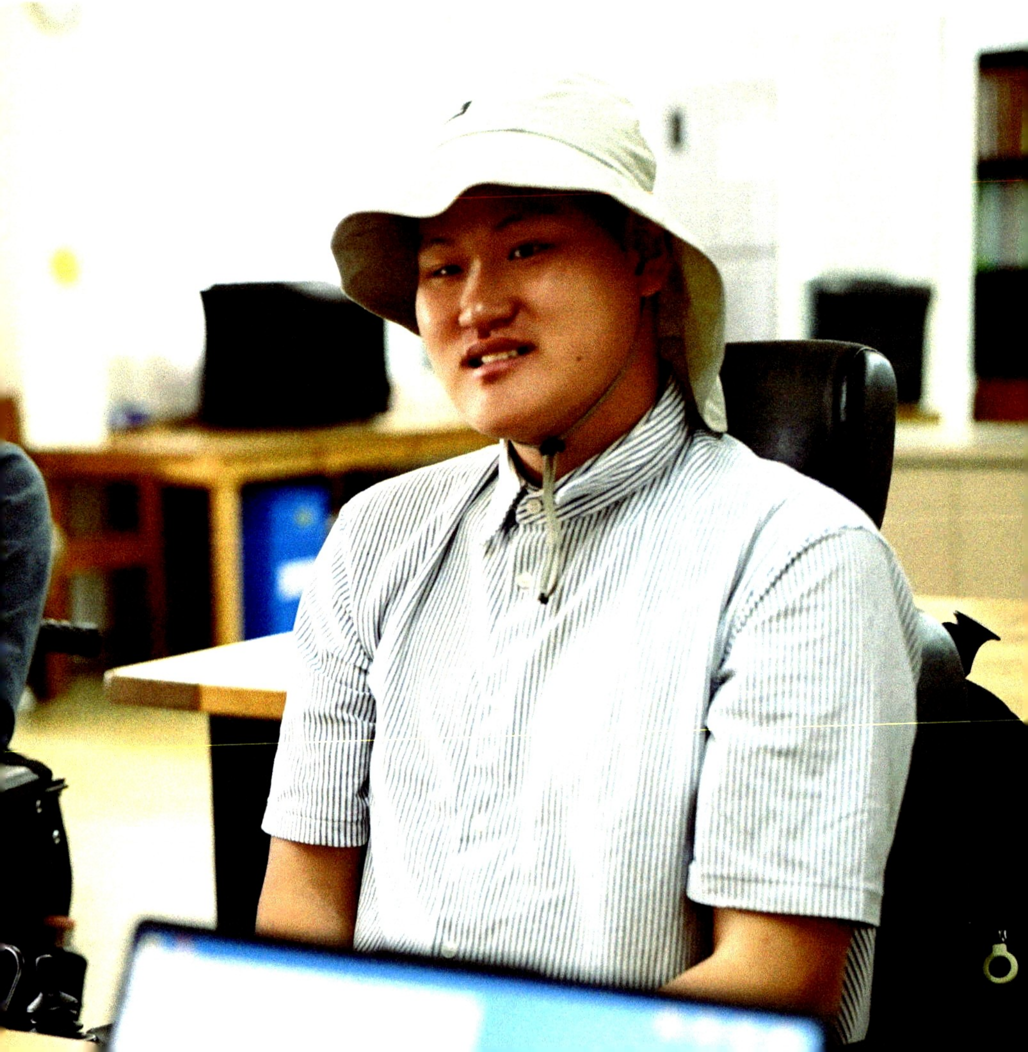

profile

박순환

010-4707-8227
317windy@daum.net

나를 찾아가는 여정이 쉽지 않은 것 같다.
"내 힘으로 할 수 없는 일에 도전하지 않으면
내 힘으로 갈 수 없는 곳에 이를 수 없다.
사실 나를 넘어서야 이곳을 떠나고,
나를 이겨내야 그곳에 이른다."
라는 명언을 마음에 새기며…

장애는 내 삶의 등불

"눈길을 걸어갈 때 어지럽게 걷지 말기를.
오늘 내가 걸어간 길이 훗날 다른 사람의 이정표가 되리니….”
-백범, 김구 선생-

들어가며

19살 어린 나이에 다이빙 사고로 '전신마비'라는 장애를 갖게 되었고 희망을 배우기까지는 오랜 시간이 필요했습니다. 현실을 받아들이는 것이 유일한 길임을 많은 시행착오를 통해 알게 되었습니다. 나 자신을 정면으로 마주했을 때, 새로운 길이 보이기 시작했습니다.

짧은 인생이지만, 이 과정을 통해 나 자신을 돌아보게 되었고, 새로운 의미를 찾아가고 있습니다. 이 글이 나와 비슷한 어려움을 겪는 분들에게 작은 위로와 용기가 되기를 바랍니다.

유년 시절과 성장 배경

태어난 곳

나는 산 많고 물 맑은 전남 장성에서 태어났다. 부모님은 서울에 사셨지만, 내가 태어나기 전에 시골로 내려오셨다. 마을 사람들은 부모님을 서울댁으로 불렀다. 만약 부모님이 서울에 사셨더라면 내 호적도 서울에 있었겠다는 부질없는 생각을 한 적이 있다. 어쨌든 나는 시골 촌놈으로 태어나 자랐다. 내가 태어났던 그해에 마을에서는 진풍경이 벌어졌는데, 너도나도 아들을 낳는 바람에 무려 11명의 아들이 태어나는 뜻밖에 경사가 났다. 마을에서는 태어난 아들들을 우연이 아닌 것으로 받아들였고 '아들 풍년'이라는 소문이 자자해 인근에 부러움을 샀다.

마을은 풍경이 아름답다. 병풍처럼 둘러싸인 산이 마을을 감싸고 넓은 들판이 펼쳐져 더욱 평화롭고 아늑하게 느껴진다. 한때는 40여 가구가 살 만큼 비교적 큰 마을이 형성되었지만, 젊은이들이 도시로 떠나가고 지금은 작은 마을이 됐다. 어릴 적 내 기억 속의 마을은 여전히 많은 아이들로 북적이고 산과 들이 아름다운 곳으로 남아있다.

누나와 여동생

우리 4남매는 자라면서 늘 티격태격하며 지냈다. 어릴 적, 누나와 다투는 일이 많았다. 대여섯 살 때 누나와 싸웠는데, 부모님의 걱정을 끼친 기억이 있다. 그때 다투는 모습을 보신 할머니의 만류에도 누나에게 지지 않으려고 소리 지르고 막무가내로 덤벼들었다. 결국 누나와 싸우다가 왼팔을 크게 다치게 하고 말았는데, 그날 저녁, 아버지는 싸운 남매를 불러서 무릎을 꿇어앉히고 잘못된 행동에 책임을 물어 회초리를 들었다. 호된 야단을 맞고 나서야 누나에게 빌었던 기억이 난다.

1학년인 여동생에게 장난으로 했던 말이 가출로 이어진 일이 생겼다. 동생에게 "막내는 다리 밑에서 주워 왔데요"라고 놀렸던 게 화근이 됐다. 동생에게는 장난으로 웃자고 한 얘기가 웃지 못할 심각한 일이 되었다. 농담에 상처받은 동생은 다음날 학교에서 돌아오지 않았다. 날이 어두워지기 시작하자 동생이 집에 없다는 사실을 알고 가족은 걱정이 됐다. 진짜 엄마를 찾아가겠다며, 동생은 날이 어두워질 때까지 숨어 있었다. 친구와 함께 학교에 숨어 있던 동생을 찾아내어 자전거에 태우고 돌아왔다. 동생을 잃어버릴 뻔한 사건으로 가족에 소중함을 느꼈다.

학교에 가다

 1971년 국민학교 입학식이 있던 날, 나는 빡빡머리에 검정 고무신을 신고 학교에 갔다. 왼쪽 가슴에는 엄마가 달아주신 손수건이 나부끼고, 운동장에서 앞사람과 줄을 서서 담임선생님의 구령에 맞춰 하나, 둘, 하나, 둘, 목청껏 소리 지르며 운동장을 돌던 기억이 아직 남아있다.

 다음 날, 어깨에 책보를 둘러메고 학교에 갔던 일, 부동자세로 의자에 앉아 소변을 참아 가며 선생님의 눈치를 보던 그때의 내 모습이 아직도 선명하다.

그 시절, 학교에 가는 것은 어린 내게 힘든 일이었다. 매일 50분의 거리를 걸어 다녔다. 특히 추운 겨울날이면 그 길이 유난히도 멀고 힘들게 느껴졌다.

아침마다 이불에서 나오기 싫어 미적거리던 나를 깨우는 건 엄마의 몫이었다. 엄마의 차가운 손이 배를 움켜쥐면 그 찬 손길에 깜짝 놀라 벌떡 일어나 도망치던 기억이 아직도 생생하다.

그럴 때마다 그 차가운 손이 너무 싫었지만, 어른이 되어서 돌이켜보면 그 차가웠던 손길마저 따뜻하게 느껴지는 그리운 추억이 되었다.

요즘 초등학생들을 보면, 우리 때와는 참 많이 달라졌다는 생각이 든다. 세련된 옷차림에 편리한 신발과 가방까지, 모든 것이 달라졌지만 소박했던 나의 어린 시절, 그때의 모습이 마음속 책갈피를 열어 따뜻한 추억을 읽는다.

그 시절의 평범한 일상들이 참 그립고 소중하게만 느껴진다.

이제는 영화에서나 나올 법한 그때의 모습이 문득문득 떠올라 미소 짓는다.

그리운 아버지

나의 꿈

 아버지의 커다란 가방 안에는 무엇이 들어있길래 무거운 것일까? 어린 시절에는 아버지의 가방이 궁금했다. 가방을 만지면 큰일이라도 생길 것처럼 절대 만져서는 안 되는 금기된 물건이 들어있었다. 가방은 방으로 가지고 들어오지도 않고 창고 높은 곳에 올려놓았던 탓에 더 궁금했다. 어린 우리들이 다칠까 봐 높은 곳에 올려놓으셨다는, 어머니의 설명을 들은 후에 이해했다.

내 꿈은 목수였다. 크고 멋진 집을 짓고 고치는 일을 하시는 아버지가 위대해 보여 목수로 정했다.

아버지는 평생을 목수로 일하셨는데, 사람들은 어린 나를 "목수의 아들"이라고 불렀고, 그런 아버지를 따라다니며 나도 목수가 되고 싶었다. 아버지가 일하시는 현장에 따라가면 목수의 아들로 불러줬는데, 그 말을 들을 때마다 더 친절하게 인사했다.

어릴 적부터 아버지의 일하시는 모습을 보면서 자연스럽게 일을 배울 수 있었다. 나이는 어리지만 망치질도 잘하고 톱질도 잘했다. 예리한 톱날은 큰 힘을 들이지 않고도 톱질이 쉽게 이뤄졌다.

목수 일을 가신 날에는 허드렛일을 도왔고, 일이 끝나면 무거운 연장을 자전거에 싣고 아버지와 함께 집으로 왔다. 어두워진 밤길을 걸을 때면 든든한 아버지가 있어서 전혀 무섭지 않았다.

6학년 때의 일이다. 담임선생님은 장래 희망을 발표할 기회를 주었는데, 친구들은 변호사, 판사, 검찰, 형사, 대통령, 의사 등 훌륭한 직업들을 이야기했고. 나는 "커서 훌륭한 목수가 되고 싶다."라고 말했다.

선생님은 다시 한번 "정말 커서 무엇이 되고 싶은지." 물었다. 같은 대답을 듣고 놀라셨던 것 같다.

나에겐 그 어떤 직업보다도 자랑스러운 일이다. 어른이 된 지금도 그때의 꿈은 바뀌지 않았다. 목수로 일하셨던 그때의 아버지 모습이 그립다.

집을 짓다

 국민학교 4학년 무렵, 우리 가족은 새집을 짓기 시작했다. 아버지는 터를 닦고 집을 짓기 위한 기초를 놓으며 여러 자재를 지게로 옮겨 모래를 쌓으셨다. 가족 모두가 힘을 합쳐 기초부터 완성까지 손수 모든 일을 했다. 그 과정에서 막내 여동생이 조막손으로 모래를 한 삽씩 퍼 나르던 모습이 귀여워, 피로를 잊게 하곤 했다.

 집이 완성되기까지는 오랜 시간이 걸렸지만, 가족 모두가 힘을 합쳐 지은 집이라 애착이 더욱 컸다. 벽돌 하나하나에 배어 있는 가족의 땀방울 덕분에 그 집은 특별했다. 아담하게 지어진 집이 완성되었을 때의 뿌듯함은 큰 성취감을 주었고, 우리 가족 모두의 자랑이 되었다.

낚시

 어린 시절, 새벽 낚시를 다녀오시는 아버지를 맞이하는 것이 나에게는 즐거운 일이다. 아버지의 손에는 낚시 바구니가 들려 있었고 그 속에는 주로 붕어 몇 마리가 담겨 있었다. 낚시를 다녀오신 날이면 항상 밥상에 생선 요리가 올라왔고, 온 가족이 한 상에 둘러앉아 생선 요리를 먹으며 동생들의 웃음소리가 유난히 크게 들렸다.

 가끔 아버지는 주낙을 이용해 자라를 잡으러 가셨고 그럴 때면 아버지를 따라가곤 했다. 아버지는 날이 어두워지길 기다렸다가 저수지에 낚싯줄을 설치했다. 나에게 이편에서 주낙줄을 단단히 붙잡

게 하고 아버지는 반대편을 돌아서 나무에 그 끝을 고정하고 돌아왔다.

 다음 날 새벽에 일어나 주낙을 걷어 오면 아버지 손에는 큼직한 두세 마리의 자라가 낚시 바구니에 담겨 있었고, 이 광경은 신기한 경험이었다. 하지만 나는 아버지처럼 낚시를 좋아하지 않았다. 아버지를 따라서 몇 번 낚싯대를 잡아 보긴 했지만, 한자리에 오랫동안 앉아 있는 것이 내겐 맞지 않았기 때문에, 낚시에 흥미를 느끼지 못했다.

 그러나 새벽 낚시를 마치고 돌아오시는 아버지의 모습은 아직도 잊혀지지 않는다. 장화를 신고 모자를 눌러쓴 채 허름한 옷차림으로 낚싯대를 어깨에 메고, 한 손엔 낚시 바구니를 들고 오시는 모습은 한 폭의 그림처럼 기억에 남아있다. 그때의 장면은 시간이 많이 흘렀어도 여전히 생생하게 떠오른다.

 농악놀이

 정월 대보름이 되면 마을 어르신들과 아이들, 남녀노소 모두가 모여 농악놀이를 하며 한 해의 건강과 안녕을 기원하곤 했다.

 어렸을 적, 나는 깃발을 들고 지신밟기에 함께 따라다니던 기억이 난다. 마을 사람들은 집집마다 돌며 악귀를 쫓고 복을 비는 의식에 참여했다. 그때의 활기와 열기는 지금도 잊을 수 없다.

아버지는 정월 대보름을 준비하며 고깔에 달 꽃장식을 손수 만드셨다. 여러 날 동안 가는 종이를 정성스럽게 오려 꽃 모양을 만들고, 그 위에 화려한 색을 입히시던 아버지의 모습이 아직도 눈에 선하다. 머리에 고깔을 쓴 마을 어르신들은 빨강, 파랑, 노랑 띠를 어깨와 허리에 묶고 징과 꽹과리를 울리며 농악놀이를 이어 갔다. 특히 아버지는 상쇠로서 꽹과리를 잡고 중심에서 리듬을 이끄셨다. 그 꽹과리 소리는 마치 고막을 울리듯 선명하고 강렬했다.

지금은 더 이상 그렇게 화려한 농악놀이를 볼 수 없어 아쉽지만, 그때의 소리와 색깔, 그리고 마을 사람들의 협동심은 늘 그립다.

예고 없이 찾아온 사고

 평범한 학생으로 중학교와 고등학교에 다니던 중 두 번의 큰 사고를 겪게 되었다. 나에게 왜 이런 사고가 생겼는지 알 수 없어 절망했던 날들이 있었다.

첫 번째 사고

 중학교 2학년 여름방학은 자유롭고 행복한 시간이었다. 학교에 가지 않고 친구들과 마음껏 뛰어놀 수 있어서, 놀기 좋아하는 나에게는 더할 나위 없는 행복이었다. 방학이 내게 꿈만 같았지만, 그 행복은 오래가지 않았다.

어느 날, 아버지께서 외양간의 소를 돌보는 일을 내게 맡기셨다. 친구와 함께 꼴을 베러 나갔다가, 꼴을 채운 망태를 짊어지고 한 발짝 내디뎠을 때, 땅에 낫이 놓여있었다. 망태를 내려놓지 못하고 친구에게 도움을 청했다. 친구는 낫이 흔들리지 않게 망태에 꽂아주었고 출발하려던 순간, 갑자기 그대로 주저앉고 말았다.

등줄기를 타고 흘러내리는 따뜻한 액체가 느껴졌다. 그건 피였다. 당혹스러움과 함께 극심한 통증이 밀려왔고, 숨조차 가빠왔다. 친구는 놀란 얼굴로 풀을 뜯어 상처를 닦아주고, 주변을 향해 도와달라고 소리쳤지만, 그곳에는 아무도 없었다. 결국 친구는 집으로 뛰어갔다.

나는 집으로 돌아가는 길이 두려웠다. 아버지께 혼날 것 같았기 때문이다. 그러나 부모님은 나를 재빨리 방에 눕혔고, 울먹이는 엄마와 택시를 부르는 아버지의 목소리가 들렸다.

병원에 도착했을 때, 의사는 "폐에 이상이 생길 수 있으니 큰 병원으로 가야 한다"라고 말했다. 하지만 집안 사정상 큰 병원으로 가지 못하고 결국 집으로 돌아왔다. 그 후, 아버지는 우리 형편을 잘 아는 친척에게 도움을 청했고, 덕분에 치료를 이어 갈 수 있었다. 나는 친척 집에 머물며 주사와 상처 치료를 받았고, 회복하는 데는 긴 시간이 걸렸다.

방학이 끝나고 개학이 한참 지나서야 학교에 갈 수 있었다. 그 사고는 내게 큰 고통을 안겨주었지만, 동시에 가족의 사랑과 헌신을 느낄 수 있는 계기가 되었다. 그때를 떠올리면 여전히 아픔이 느껴지지만, 그 속에서 가족이 나를 위해 보여 준 깊은 사랑에 감사하는 마음이 크다. 그 경험은 내게 가족의 소중함을 일깨워 준 잊을 수 없는 시간이 되었다.

여행. 두 번째 사고

계획을 세우다

고등학교 3학년 여름방학이 시작되기 전, 친구들과 함께 마지막 학창 시절을 추억할 여행을 계획하기로 했다. 우리는 교실에 모여 어떻게 하면 이 시간을 좋은 추억으로 남길 수 있을지 열띤 논의를 했지만, 여행 경험이 없었던 우리는 쉽게 결론을 내리지 못했고 결국 방학이 시작되었음에도 여행은 미뤄졌다. 그렇게 아쉬움만 남는 듯했다.

그러던 중, 어느 날 친구의 전화 한 통이 우리의 포기했던 여행을 가능하게 했다. 나는 부모님께 알리지 않고 가방을 챙기며 집을 나서려 했지만, 발걸음이 쉽게 떨어지지 않았다. 몰래 떠나는 여행이 과연 옳은 선택일지 고민했지만, 결국 출발하기로 결심했다.

장소를 바꾸다

약속된 버스터미널에서 만난 두 친구와 월출산계곡으로 가는 버스표를 구매하려고 매표소 앞에 섰던 친구는 "이왕이면 해수욕장에 가는 게 더 재밌지 않냐."라며 갑작스럽게 제안했다. 당황스러웠지만 사람 많은 곳이 더 재밌을 것 같아서 친구의 제안대로 가마미 해수욕장으로 목적지를 변경했다. 해수욕장은 생각보다 훨씬 멀었고 털털거리며 달리던 버스가 터미널에 도착해 버스에서 내려보니 해수욕장은 걸어서 5분 거리였다.

점심시간이 지나서 캠핑 장소에 도착한 일행은 배가 고팠지만, 우선 짐을 풀고 자리를 잡은 후 쉬기로 했다. 그러나 더위에 지친 친구들은 쉬기도 전에 일제히 물속으로 뛰어 들어갔다.

다이빙

넓게 펼쳐진 모래사장을 친구들과 가로질러 파도에 몸을 던졌다. 아이들이 얕은 물에서 즐기고 있었기에 우리는 좀 더 깊은 곳으로 이동했다. 파도를 가르며 헤엄쳐 적당한 깊이에 이르자 더욱 신이 난 친구들과 사람들 사이를 오가며 수영을 즐겼다.

파도와 싸우며 수영이 지쳐갈 즈음 우리 가까이에 다이빙대가 보였다. 나는 그곳에 올라가 한차례 다이빙하고, 많은 사람이 봐주길 기대하며 다시 올라가 뽐내고 있었다.

이번에는 좀 더 멋지게 해내고 싶은 마음이 들어 두 번째 다이빙을 준비했다.

사고가 나다

 첫 다이빙이 순조롭게 입수된 것과 다르게 두 번째 다이빙은 뭔가 달랐다. 머리가 단단한 바닥에 부딪혔고 순간 머리에서 "쿵"하는 소리가 났다. 깜짝 놀라 몸을 일으켜 세워 물 밖으로 나오려고 했지만, 몸이 전혀 움직여지지 않았다. 감전된 듯한 통증이 어깨를 타고 손끝과 발끝까지 흘러내려 점점 뜨거워지는 아픔을 느꼈다.

 방금까지 잘 놀던 나에게 사고가 일어나다니 도저히 믿을 수가 없었다. 하물며 친구나 다이빙을 지켜보던 옆 사람은 사고를 짐작이나 했겠는가. 당황스러워 몇 모금의 바닷물을 먹었다. 바닷물이 그렇게 짜다는 걸 처음 알았다. 죽는 한이 있어도 두 번 다시 바닷물은 먹지 못하겠다. 숨을 쉴 수도 소리를 지를 수도 없는 물속에 엎드러진 체, 공포에 몸을 떨었다.

 한 줌의 호흡이 터져버릴 듯 더 이상 숨을 참기가 힘들어지자, 가족들의 얼굴이 떠올랐다. 가족들에게 그동안 잘못했던 나를 용서해 주길 빌었다. 시간이 얼마나 흘렀을까? 친구가 물 밖으로 옮겨 모래 위에 눕혀 놓았다. 의식을 잃지 않은 것에 감사했지만 몰려온 사람들의 시선이 두렵고 창피해서 눈도 뜨지 못했다.

응급실로 가다

 다급한 친구들은 짐도 제대로 꾸리지도, 구급차를 부를 생각조차 하지 못하고 힘없이 축 늘어진 몸을 택시에 구겨 넣듯이 태웠다.

개인병원에 도착했으나 의사는 상급병원을 추천해 주었고 다시 신경외과병원에 갔지만 그곳 의사 역시 똑같이 상급병원으로 갈 것을 권유했다. 이윽고 도착한 전대응급실에서는 별다른 처치 없이 부모님을 기다릴 수밖에 없었다. 부모님이 수속을 마친 뒤에야 수술실로 향할 수 있었고 수술을 끝내고 수술실에서 나온 내 모습은 전혀 다른 사람의 모습으로 변해있었다. 빡빡 밀어버린 머리에는 무거운 추를 달았고, 석션을 위한 기도 절개는 물론, 팔에는 온갖 호수를 주렁주렁 달고 신경외과 병동 중환자실로 옮겨졌다.

어머니의 간병

수술을 마치고 나오기를 기다리던 어머니는 아들의 모습을 보고 주저앉았다. 의식이 있는지 살피며 '아이고, 사람 꼴이 이게 뭐이여. 꼼짝도 할 수 없게 사람을 이 지경으로 만들어 놨네.'라며 눈물을 닦으셨다. 주치의는 3일이 고비이니 잘 살펴봐야 한다며 어머니를 다른 병실로 데리고 다니며 치료 중인 환자들의 욕창을 열어 보이면서 관리가 소홀하지 않도록 주의를 줬다.

어머니는 입원 첫날부터 꼬박 이틀 동안 한숨도 자지 못하고 뜬 눈으로 지새우며 시간마다 석션을 하고 체위를 변경하면서 아들의 상태를 체크했다. 어머니에게는 아들을 돌보는 일이 너무나 벅찬 일이었다. 덩치가 큰 아들을 자주 움직이며 체위를 변경해야 하는데, 어머니의 힘으로는 감당하기 어려웠다. 특히, 머리에 무거운 추가 달려 있어 조금만 움직여도 몸은 침대 머리맡으로 딸려 올라갔다. 그럴 때마다 어머니의 수고는 배가 되었지만, 그럼에도 불구하고 어머니는 한순간도 자식 돌보는 일을 포기하지 않으셨다.

의사와 어머니

　병실 침대에 누워있는 아들을 바라보던 어머니는 손가락 하나 까딱 못하고 천장만 쳐다보는 아들을 어떻게든 일어날 수 있게 해달라고 주치의를 붙잡고 매달렸다. 그럴 때마다 주치의는 3일이 고비라느니, 3주밖에 못산다느니, 하는 엉뚱한 말만 늘어놓아 어머니 가슴을 애태우게 했다.

　포기할 줄 모르는 어머니는 멀리서 의사가 보이면 쫓아가 더욱 간절히 매달리기 시작했다. 어머니에게 시달린 의사는 병실에 들어오기가 두렵다며 어머니가 계시는지 줄곧 확인한 후에 병실로 들어왔지만 어쩌다 어머니와 마주치던 날이면 뒤돌아 도망가기 일쑤였다. 도망치는 의사를 뒤쫓아 가는 어머니의 이야기는 병실에 웃음거리가 됐고 병실 보호자들과 간호사는 의사가 오고 있는지 어머니에게 알려줘서 의사를 더욱 곤혹스럽게 만들었다.

퇴원

　장애 판정을 받은 이후, 의사는 재활치료의 중요성을 강조했다. 그러나 나는 한 번도 재활치료를 받지 못했다. 만만치 않은 치료비가 부담스러웠기 때문에 재활치료가 회복에 도움이 되리라는 기대는 하지 않게 되었다. 그렇다고 이 몸이 회복되지 않는 이유가 물리치료를 받지 않아서만은 아니지 않는가? 입원한 지 4개월이 지났는데도 상태는 조금도 나아지지 않았다. 나의 장애는 더 이상 회복이 불가능하다는 소식에 절망했다.

회복할 수 없다면 퇴원이 답인데, 고민에 빠졌다. 퇴원할 수도, 안 할 수도 없는 상태에서 퇴원을 결정한 이유는 병원비와 장애 때문이다. 시간이 지날수록 병원비는 늘어나고 감당할 수 없는 병원비는 더 이상 지출할 이유가 없다. 가족들의 고민도 같은 결론을 내렸고 결국 퇴원은 확정된 선택이었다. 하지만 퇴원은 단순히 병원비를 줄이기 위한 결정만은 아니다. 그동안 어머니와 누나가 형편에 따라 간병하면서 빈자리를 채워주었는데, 직장을 다니던 서울 누나도 광주까지 먼 거리를 오가며 간병을 지속할 수 없고 농사철에 바쁜 어머니도 간병에 전력할 수 없었다.

퇴원 후, 현실은 훨씬 더 암울했다. 손가락 하나 까딱 못하는 나를 평생토록 가족은 먹이고, 입히고, 씻기고, 신체적인 도움을 줘야 하기 때문이다. 언제 위급한 상황이 닥쳐올지도 모르는 상태에서 퇴원은 아무도 원하지 않았지만, 다른 선택지가 없었다. 책임이 따르는 선택에 가족은 동의했고 많은 고생을 했다.

집으로

퇴원을 준비하면서 부족한 점이 많았다. 시골집에 불편함이 없도록 방을 수리하고 보일러를 다시 놓는 아버지의 손길이 바쁘게 움직였다. 집으로 간다는 것은 가족들이 나를 맞이할 준비를 하고 있다는 것이다. 하지만 나는 아무런 준비도 되어 있지 않았다. 가족들에 대한 미안함과 죄책감이 커서 집으로 돌아갈 용기가 나지 않았다. 사고가 있던 그날, 제 발로 즐겁게 집을 나섰는데, 하루아침에 장애인이 되어 가족들 앞에 나타난다는 것이 양심을 도둑맞은 듯한 기분이었다. 그날, 한마디도 하지 못한 채 눈물을 삼켰다.

가족들은 이런 나를 따뜻하게 받아주었고 날마다 밥을 먹여주고 운동을 도와주며 용기를 북돋아 주었다. 장애가 있든 없든 상관치 않고 여전히 나를 사랑해 주었고, 지금까지도 변함없이 아껴주는 관계를 이어 가고 있다. 퇴원하던 순간을 떠올리면 지금도 가슴이 뭉클해진다.

동생. 마음에 생채기

퇴원을 하고 몸과 마음은 편해졌지만, 가족들의 희생은 나를 눈물겹게 했다. 농사철이 시작되자 부모님은 나를 케어할 시간이 없었다. 아침 일찍 들일을 나가시기 때문에 부모님을 대신해 학교에 간 동생이 조퇴하고 집으로 와야 했다. 농번기가 시작되면 학기를 마칠 때까지 누워있는 형을 돌봐야 하는 힘든 일을 동생은 감내했다. 그렇게 학교에 다녀야 하는 동생의 심정을 나는 헤아릴 길이 없어 가슴이 아팠다.

내 동생은 내게 "친구들은 모두 학교 책상에 앉아 공부한다."라고 말하며 눈물을 흘리곤 했고, 그 모습을 나는 입술을 다물고 말없이 바라보았다.

동생은 중학교 때 공부를 곧잘 했는데, 고등학교에 다니면서 공부할 시간이 없어졌다. 모두 내 탓이오, 내 잘못이었다. 동생은 그렇게 고등학교 3년을 마치고 군대에 갔다.

아직도 그때의 일을 생각하면 눈물이 난다.

세상 속으로

10년 만의 외출

 창밖을 바라보며 10년의 세월을 보냈다. 부모님은 꼼짝 못 하고 누워있는 나를 케어하는 일에 점차 힘에 부치셨는데, 그뿐만 아니라 다시 시작되는 농번기에 일손이 부족해 어려움이 많았다. 누나는 부모님의 고생을 덜고자 나를 잠시 잠깐 서울에서 지내게 하면 어떻겠냐는 제안을 해 서울로 향하게 됐다.

 명절이 아니면 좀처럼 모이기 힘든 우리 4남매가 오랜만에 한자리에 모였다. 부모님의 걱정을 뒤로하고 설레는 마음으로 차를 탔다. 올라오는 동안 어지럼증 때문에 차를 타기가 힘든 데다 4시간

동안 멀미로 고생했다. 10년 된 조카의 모습도 궁금하고 누나가 어떻게 살고 있는지 궁금했는데, 처음 찾아온 누나의 집은 깨끗하게 잘 정돈된 느낌이었다. 생각지 못한 때에 불러줘서 여행하는 마음으로 찾아왔다. 며칠 편히 지내다 시골로 내려갈 생각이었지만 누나의 계획은 달랐다. 아무튼 누나 덕분에 서울로 올라왔으니, 소원 하나는 이룬 셈이다.

누나 집이 편하고 동생들도 잘 대해줬는데, 어느새 긴 여름이 지나고 가을이 왔다. 가을걷이가 끝나면 시골로 다시 가야 한다는 생각이 나를 압박했다. 서울에 남을 것인지 아니면 시골에 내려갈 것인지 결정의 시간이 다가오고 있었다. 서울에 있으면 누나에게 부담이 될 것이고 시골로 내려가면 부모님이 힘드실 게 뻔한데, 이러지도 저러지도 못하는 상황에서 어디로 가야 할지 고민이 깊었다.

시설로

시골에서 10년을 보냈다. 계절에 따라 새 소리, 바람 소리도 바뀌는데, 그 세월이 내게는 변한 게 없었다. 적막함은 내게 가장 큰 적이 되었다.

종일 천정만 바라보며 부모님이 오시기를 기다리는 시간이 얼마나 지루하고 외로웠는지 모른다.

시골로 내려가면 그 세월을 다시 견뎌야 하는데, 그럴 자신도 용기도 없었고 또 부모님에게도 더 이상 짐이 되고 싶지 않았다.

나의 선택이 옳았기를 바라는 마음으로 집을 떠나 살 수 있는 길을 찾기 시작했다. 두꺼운 전화번호부를 뒤져가며 요양원과 재활원을 찾아서 매일 아무 데나 전화 다이얼을 돌렸다.

 한 달간 전화로 알아본 서울, 경기 지역에 있는 시설들의 정보를 수집한 자료는 상당했다. 그중 시설 하나가 눈에 띄었는데, 김포 지역에 있는 '석암 베데스다요양원'이 눈에 들어왔다.

 며칠 뒤, 누나와 동생들을 불러 시설에서 살 수 있도록 지원해 달라고 부탁했다. 갑작스러운 제안에 누나는 굳이 왜 꼭 시설에 가야 하는지 궁금해했고 동생은 가족에게 서운한 게 있는지 묻고 잘못한 일이 있다면 이해해 달라고 했다. 나는 그런 게 아니라고 설명했지만, 쉽게 납득하지 못하는 눈치였다. 동생들과 누나의 반대와 만류에도 불구하고 나는 내가 원하는 길을 선택하고 싶었다.

 일주일 후, 마침내 베데스다요양원에 입소했다. 그곳에서 처음 만난 중증장애인과 발달장애인에게 다소 충격을 느꼈었다. 나보다 심한 장애인이 있다는 사실이 믿기지 않았다. 며칠 적응에 힘들었지만 모두 같은 처지, 같은 아픔을 겪는 동료라고 생각하니 쉽게 친해지고 편한 관계로 지내게 됐다.

 그곳에서 함께 생활했던 동료들은 훗날 '마로니에 8인'으로 세상에 알려지게 되었다. 지금도 그때의 시간을 떠올리면 나와 함께해 준 동료들에게 감사한 마음이 든다. 언제나 내 옆을 지켜 준 그들에게, 지금도 그 마음을 전하고 싶다.

여주에서

 한곳에 정착하지 못하고 김포, 의정부, 안양 등 여러 시설을 오가며 지냈다. 2000년에 여주로 왔지만, 낯선 곳에 적응하는 것은 쉽지 않았다. 처음에는 아는 사람도 없고 마땅히 갈 곳도 없어서 밖으로 나오는 것에 주저함이 많았다. 여주에서 사는 세월이 어느덧 24년이 지났으니. 돌이켜보면 지나간 세월은 더 빠르게 느껴지는 것 같다. 정들면 고향이라는 말이 맞는 것 같다.

 이제 나는 여주 사람이다. 자연환경이 좋은 편안하고 살기 좋은 곳이다.

 2006년에는 자퇴했던 고등학교를 졸업하고 사회복지 공부도 마쳤다. 2007년부터 활동 지원 서비스가 도입되면서 장애인들이 자립할 수 있는 환경이 마련되어, 이제는 자유롭게 세상과 소통하며 살아갈 수 있게 되었다. 앞으로 이곳에서 더불어 사는 세상을 만들어가고 싶다.

마치며

제 인생을 돌아보는 소중한 시간을 가질 수 있었습니다.

장애는 저에게 여전히 풀리지 않는 숙제처럼 느껴집니다. 여러 난관을 통해 조금씩 성장해 왔습니다. 오늘의 제가 있기까지는 기다려 주고 보조에 맞춰 함께 걸어준 분들이 있었기 때문입니다.

때로는 넘어지고 때로는 멈추고 싶었던 순간에도 사랑을 보여준 가족이 있었습니다. 저에게 가족이란 가장 큰 보물이자 값진 선물입니다.

헬렌 켈러는 "장애는 불편하다. 하지만 불행한 것은 아니다"라고 했고, 어떤 이는 "장애는 극복하는 것이 아니라 적응하는 것"이라고 했습니다. 저 역시 장애를 극복하지 못했고 장애로 더 나은 사람이 되지 못했습니다.

장애와 함께 살아가는 법을 배우려고 합니다.

제 인생의 작은 경험을 글로 담아내기에는 너무 부족함이 많아 아쉬움이 있습니다. 특별히 글을 쓸 수 있도록 저에게 용기를 주신 서연아 강사님께 감사드립니다.

profile

윤평실

010-8946-3679
317windy@daum.net

-수료-
2013~2018. 여성회관 민화배우기, 여주 박물관 심화과정
2018. 명지대학교 미래교육원 민화과정수료

-수상-
2015. 대한민국현대여성미술대전~특선(한전아트센터 갤러리)
2015. 대한민국현대조형미술대전~입선(한전아트센터 갤러리)
2019. 대한민국기로미술대전~~은상.특선.(하나로갤러리)
2019. 대한민국아카데미미술협회~우수상.특별상.(하나로 갤러리)

-전시-
2015~2016. 여름 그리고 민화전 (여주박물관)
2019. 제3회 대한민국민화아트페어전 (서울무역전시장)
2021.4~5. '봄을 그리다' 2인 기획초대전 (황학산수목원)
2017~2024. 여주민화협회회원전(1회~8회)

긍정의 바람꽃 · 회상

"피할 수 없다면 즐겨라."
-로버트 엘리엇(Robert Elliott)-

들어가며

내 인생의 가장 풋풋했던 시절에 당한 사고는 고난의 시작이었지만 새로운 삶의 시작이기도 했다.

고난과 함께 이전과 전혀 다른 외모와 새로운 마음의 모양도 가지게 되었다.

누구나 인생의 길 위에서 생각조차도 해보지 않는 사고라는 아픔과 절망을 겪을 수 있다.

내가 겪은 경험들이 나와 같은 아픔을 겪고 있는 이들과 이 글을 읽고 있는 독자들의 마음 안에 부디 감사 사랑 희망의 이야기로 전해지길 바란다….

어린 시절

 눈을 감으면 어린 시절의 추억이 아련히 떠오른다. 내가 태어나고 자란 곳은 전남 장흥군이다. 2남 2녀 농부의 막내딸로 1955년에 태어났다.

 돌 무렵 아버지가 돌아가셔서 얼굴을 모른다. 큰오빠랑 똑 닮았다고 했다. 큰오빠를 보면서 아버지를 생각하며 자랐다. 아버지 대신 엄하신 할아버지가 계셨는데 외출하실 때는 상투를 틀고 갓을 쓰고 하얀 모시 한복과 두루마기를 입으시고 다녀오시곤 하셨다. 하얀 수염을 쓰다듬으시면서 기다란 곰방대로 담배를 피우시던 할아버지 모습이 지금도 선하다. 할아버지의 밥상은 언제나 하얀 쌀밥에 김과 생선이 올려져 있었다. 아버지 같은 큰오빠, 언니, 자상하게 돌봐주었던 작은 오빠는 내 학교 뒷바라지를 해준 고마운 가족들이다.

내가 살던 고향마을은 마을과 마을 사이에 커다란 논 다랑이들이 가로 놓여있고, 큰 동네, 작은 동네로 나누어진 뒷산이 병풍처럼 둘러있어 따뜻하고 평화스러운 마을이었다. 우리 반 친구 중 큰 동네에는 여자 5명 남자 2명 내가 사는 작은 동네에는 남자 3명에 나 하나였다. 친구들 사이에 어려운 일이 발생하면 늘 보호를 해주었던 멋진 친구들이었는데 벌써 2명은 이 세상을 떠났고 1명만 남았다. 그때 그 시절이 그리워 지금도 가끔 고향 친구에게 안부를 물어본다.

내가 다녔던 국민학교는 버스가 다니는 도로 곁에 있었는데 지금은 폐교가 되었다. 점심시간이면 멀리 사는 친구들은 도시락을 싸왔다. 나는 늘 집에 달려와 점심을 먹고 가곤 했기 때문에 도시락 싸 온 친구들이 늘 부러웠다.

언니가 들려준 에피소드

내 기억에는 없지만, 언니는 지금도 전화할 때마다 잃어버린 꽃신 이야기를 해주면서 즐거워하신다.

"애 너를 업고 뒷산에 올라가서 친구들이랑 신발 던지기를 하는데, 엄마가 사준 예쁜 얘기 꽃신을 던지고 놀다 그만 잃어버렸지, 뭐야 큰일났구나! 하면서 아무리 찾아봐도 없어서 그냥 왔어! 엄마한테는 잃어버렸단 말은 안 했지, 그날 밤 꿈속에서 꽃신이 있는 곳을 발견했단다. 다음 날 눈뜨자마자 바로 달려갔는데 그곳에 신발이 영락없이 있더라 야!, 얼마나 반가웠는지 몰라 진짜로 신기했어."
"그라고, 또있다잉~ 뒤안에 감나무에 너를 업고 뽀르라니 올라가서 감을 따서 내려오면은 사람들이 보고 워메! 워메! 발바닥이 간질간질하다 잉~ 둘 다 떨어지면 큰일 난당께 잉"

언니의 호들갑에 나는 상상을 해 본다. 아이가 아기를 업고 감나무에 매달려 있는 모습을, 언니의 등은 나의 요람이었을까? 내 유년의 봄은 새싹이 돋아나는 연초록색과 개나리 피는 노란색으로부터 시작된다….

오일장에서 새언니가 사다 준 젤리처럼 말랑한 노란색 슬리퍼, 너무 좋아서 흙 묻을까 봐 꼭 끌어안고 잠이 들기도 했다. 새언니가 사다 준 연둣빛 스웨터를 입으면 내 마음은 온통 연두연두 하면서 기분 좋은 봄바람이 되었다. 나는 지금도, 연두색을 보면 유년 시절의 추억이 있는 곳으로 시간여행을 한다.

엄마 냄새

10살 단발머리 여자아이는 엄마의 가슴에 얼굴을 묻고 젖을 먹고 있다. 젖이 나올 리 없지만, 그냥 말랑말랑하고 따뜻한 품과 엄마 냄새가 좋았던 것 같다. 3학년 되던 해 "기자는 지금도 엄마 젖 먹는데요! 네롱" 옆집 친구의 고발로 젖 먹는 걸 멈추었다. 집에서 부르는 이름으로 학교에서도 불렸다. 새로 태어난 조카와 서로 엄마 가슴 차지하려고 양쪽에서 '우리 엄마야 우리 할머니야'하며 다툴 때마다 엄마는 반드시 누워서 공평하게 가슴을 내주곤 했다. 나의 애착증은 엄마의 가슴이었다.

 엄마는 얼마나 귀찮았을까? 어떠한 어리광에도 그 뜻을 다 받아주셨던 사랑 많으신 우리 엄마, 내 병상을 지키며 혼수상태로 자꾸만 기절하는 모습에 애간장이 다 녹았다. 88세에 뇌졸중으로 쓰러지셨고 병원으로 옮겨 진료 중에도 당신보다 '나는 괜찮다.'하시면서 자식이 먼저였다. 너무나 착하고 마음이 예쁘셨던 엄마가 그리워진다.

오빠 껌딱지

 허약 체질로 운동장에서 조회 시간이 길어지면 얼굴이 창백해지고 지구가 핑 돌면서 쓰러져 양호실로 갔던 기억도 새롭게 떠오른다. 가을 운동회 때 달리기로 3등도 가끔 해서 연필 노트 등 선물을 타기도 했다. 4살 많은 작은 오빠는 참 자상했다. 내 숙제도 지도해주고 친구들과 노는 곳에도 잘 데리고 다녔다.

 산골 마을에 눈이 소복이 쌓이면 뒷동산 내리막길에서 비료 포대 들고 가서 썰매 타기, 벼 베고 난 논바닥에서 대못 치기, 정월 대보름엔 1년 액땜한다고 쥐불놀이, 다리 건너기, 숯불 담은 깡통 돌리기, 고춧대로 모닥불 피워 불 넘기 등등 신나게 놀았던 기억이 난다.

뒷산으로 토끼 잡으러 가기, 여름엔 마을 공동묘지에서 친구들과 편 갈라 야구 놀이, 잔디 미끄럼타기, 주로 난 관객 입장이었지만 오빠가 좋아 마냥 따라다녔다. 이렇게 좋은 오빠는 서울 가서 세탁소 일을 하면서 나를 학교에 보내 주었다. 우리 오빠는 천사였다.

힘들었던 학창 시절

우리 집 가장이었던 큰 오빠는 군대 가기 전 결혼을 했다. 3명의 조카가 태어나고 언니도 결혼하고 작은오빠도 취업했다. 서울에서 세탁소를 하던 오빠가 군대에 가게 되었다.

고등학교 2학년 때 자취방과 생활비도 준비해 주었지만, 학비는 내가 마련해야 하는 형편이었다. 큰오빠에게 손을 내밀었지만, 조카들도 학교에 보내야 하니 힘들다 하여 결국 낮에 일하기 위해 주간에서 야간으로 학과를 옮겼다 내가 다니던 시절에는 야간 학교도 많이 있었다.

이 또한 쉽지 않은 일이다.

낮에 달력 만드는 인쇄소에서 일하고 저녁이면 버스 타고 학교에 가서 공부하다 졸고 자취방에 오면 녹초가 되었다. 여름방학 때 광주로 내려와 114전화 교환원 시험공부를 하기로 했다.

학교는 검정고시를 볼 계획이었다.

내 인생을 바꿔놓은 사고

 추석 연휴로 바쁘니 경리 일을 봐달라는 주유소 사장님의 부탁을 받고 일을 하게 되었다. 예상치 못한 일이 생기는 삶의 현장에서, 사고가 나던 그날은 정말이지 머리가 깨질 것처럼 아프고 몸 상태가 너무 좋지 않아서 언니 집에 가서 쉴까? 했는데 작은아버지께서

"너 빨리 주유소에 가라"

 연락이 왔다. 가기 싫었지만 어쩔 수 없이 버스를 타고 우산동 주유소로 갔다.
 어둠이 내려올 저녁 무렵, 호남정기 화물차가 들어왔다. 배달 간 직원이 들어와서 먼저 가서 식사하라고 하고 내가 주유했다. 기름

탱크에 기름이 거의 차오른 소리에 귀를 기울이면서 주유하는데, 갑자기 오른쪽 운전사 아저씨가 가스라이터를 켰다.

번쩍하는 번개 같은 순간에 붙은 기름에 붙어 시퍼런 불길이 내 얼굴을 덮쳤다. 순간 서울, 버스 안에서 보았던 화상 입은 사람의 모습이 스쳐 지나갔다.

"앗 뜨거뜨거"

하면서 두 손으로 얼굴을 감싸고 쓰러졌는데 얼마나 지났을까? 사람들의 웅성거리는 소리가 들렸다.

수화기로 불을 껐다고 한다. 주변을 둘러보니 사람들로 가득하다. 내 옆에 섰던 운전사의 실수로 켠 라이터 때문에 불이 난 것이다. 사장님은 회의 가시고 안 계셨다. 사모님이 새까맣게 탄 내 모습을 보고 우시면서 안타까워하시는데 내 몸의 신경세포가 다 멈춘 듯, 아무렇지도 않았다.

"저 괜찮아요"

하면서 사무실로 평소처럼 들어갔는데 맞은편 거울에 비친 내 얼굴과 손은 고구마가 탄 그것처럼 새까맣다. 이제야 현실을 직시했다. 화상의 상처를 입은 그분처럼 될 것 같아 난 죽고 싶었다. 진짜로 죽고 싶었다. 병원으로 실려 가는 동안 그 엄청난 고통은 시작되었다.

사는 것 보다 죽었으면 좋겠다

 이 아픔을 어떻게 말로 설명할 수 있을까? 2여 년 동안 죽을 고비를 수차례, 피부이식수술도 8차례, 허벅지의 살은 이식을 위해 얇게 떼어지고 그 상처가 아물기까지 또 하나의 고통이다. 4도의 화상으로 타버린 껍질을 뜯어내고 감염을 막기 위해 손상되지 않는, 진피 상처에 거즈를 갈아붙이는, 매일의 반복적인 상처 치료는 딱 죽고 싶었다. 수천 개의 바늘을 꽂아놓은 듯한 통증을 어찌 말로 할 수 있을까? 하지만, 아물어가는 피부는 느리기만 하다….

 살을 예리한 면도날로 깎아 내는 듯한 아픔 속에 내 몸은 뼈와 가죽만 앙상하게 남아 아주 작은 아이가 되어 가고 있었다. 얼굴은 부어올라 눈이 감기고 입술은 열리지 않고 타버린 손가락 마디마디들은 떨어져 나가고 얼굴과 손의 상처에서 죽은 핏덩어리가 터져 나왔다.

 4개월을 시각장애인의 고통을 느껴 보았다. 얼마나 파란 하늘이 보고 싶었는지 모른다. 감염의 위험이 있어 침대 위에 하우스를 만들어 소독보를 덮어놓았는데도, 살을 에는 듯한 이 매서운 바람은 어디서 불어오는 걸까? 많은 의사가 화상 환자가 겪는 고통이 가장 극심하고 고통스럽다고 말한다.

 생각만 해도 모든 세포가 벌벌 떨리는 생지옥과 같았다. 강한 진통제로도 쉽게 진정이 되지 않는다. 그 고통은 화상 환자를 보면, 지금도 생생하게 느껴진다. 붓기가 점점 빠지면서 내 눈에 그토록 보고 싶던 파란 하늘과 뭉게구름이 다정히 손짓하던 날, 얼마나 감사했던가! 입술도 조금 열리니 링거 호스로 미음을 빨아 먹을 수 있었지만, 다시 토해야 했다. 피부 이식을 하기 위해 허벅지 살이 떼어지고 목은 식도가 보일 정도라서 빨리 수술했지만 잘 붙어살지 못하면 그냥 부패 되곤 한다. 이식할 피부가 없어 엄마 언니는 "내 피부 때면 안 될까요?" 하며 안타까워했고, 가족들이 곁에 있어 고마웠다. 의사들은 자기 피부를 이식해도 살아있지 않는데 부모 형제라 해도 소용없다고 했다.

운전사 아저씨

아이러니하게도 사고원인을 운전사는 조수에게 떠넘기고 처벌을 받게 했다. 내가 살지 못할 거라고 하며 운전사는 조수의 가족들을 자기가 돌보겠노라고 약속을 해 교도소에 갔다.

변호사가 두 번이나 찾아와 물었다. 운전사가 라이터 켠 것이 맞냐고, 사람의 몰골이 아닌 외계인이 되어버린 내 모습, 날마다 죽음의 문턱을 수없이 넘나들었기에, 틀림없이 얼마 살지 못하고 죽을 걸라고 모두 예상을 했다.

6개월 후 조수 아저씨는 진실을 고백했고, 운전사 아저씨가 처벌받았다. 처벌에서 풀려난 조수 아저씨가 병원에 찾아와서 "아가씨나 알아보겠어요?"하고 물었다. "그럼요 조수 아저씨네요." 알아본 내게 미안하다며 통곡하며 울었다. "남의 예쁜 딸 망쳐 놓았다"라면서, 사고를 낸 운전사 아저씨는 한 번도 오지 않았는데…. 그렇다고 원망은 하지 않았다. 그땐 치료하면 좋아질 거라고만 생각했다.

화상의 고통

한강성심병원에 갔는데 어린아이들이 화상을 입고 치료하고 있었다. 그들을 보면 살을 에는 듯한 극심한 통증이 고스란히 내게 전달된다. '많이 아프지? 그래도 견뎌야 해, 예수님은 우리를 살리시기 위해 십자가의 엄청난 고통을 당하셨단다. 우리가 당하고 있는 이 아픔은 아무것도 아니란다. 곧 나을 거야. 우리 씩씩하게 사는 거야 파이팅!!' 해주었던 기억이 난다. 뉴스에서 불이 났다는 보도를 보며 화상 입은 분들의 아픔은 곧 나의 고통으로 다가온다.

잃어버린 내 얼굴

퇴원 후 빡빡 깎은 머리, 온통 빨갛게 도드라져 오른 피부에 가려움증은 정말 싫었다. 눈썹도 없고 눈은 눈꺼풀이 당겨져서 감아지지도 않고 잠을 잘 때도 눈을 뜨고 잔다. 인공눈물과 바셀린이 얼마나 고마운지 모른다.

턱이 당겨져 입은 헤벌레 벌어져 침도 흐르고 성별도 모르겠고 나이도 알 수 없는 꼭 외계인처럼 되어버린 내 모습에 내가 놀라는데 타인이 보면 얼마나 더 놀랄 것인가 특히 아이들이 보면 '이 티다 외계인이다.' 소리치며 놀라는 것은 당연하다.

오른손은 아예 조막손이 되어버렸고 왼손은 엄지 없이 그나마 오그라진 4개의 손마디로 일상의 일을 해나가는 연습을 한다. 처음엔 숟가락 잡는 것도 힘이 없어 밥도 먹여줘야 했지만, 요령이 생겼다. 글씨 쓰는 것도 사인펜으로 연습했다. 다행히 오른손 조막손이 보조역할을 아주 많이 잘한다.

밖에 나가는 것은 어마어마한 도전이다. 이젠 버릴 수 없는 내 얼굴이다. 퇴원 후 집에서 친구들이 와도 내 모습 보여 주고 싶지 않아 돌려보냈다. 이웃집도 안 가고 누가 볼까 봐 방안에만 갇혀서 오직 라디오랑만 살았다.

내가 만난 예수님

 내 삶을 지탱해 준 그분 '네 모습 그대로 괜찮아 내가 너를 들어 쓸 거란다' 기독교 방송 채널을 듣다가 "오늘의 신앙"이란 방송을 들으면서 신앙 공부를 하게 됐다.

 이 모습 이대로 나를 사랑해 주신 분이 계신다는 것, 두려워 말라고 하시면서 나에게 힘과 용기를 주신 분이 나를 창조하셨다는 것을 깨닫게 되고, 살아야 할 이유를 일게 되었다.

 처음에 거울을 보았을 때 자살 충동이 많이 일어났지만, 나는 창조주의 사랑에 감사함을 먼저 알게 해주셔서, 사람 같지 않은 모습이지만 안아주고 사랑할 수 있게 되었다. 이 정도라서 다행이고 예쁜 구석도 있다고 하면서 토닥토닥 위로해 준다….

죽고 싶었던 그 많은 절망 속에서도 가족들의 보살핌과 교우들의 사랑 속에서 매일 긍정과 감사로 공허한 마음이 채워져 갔다. 교회에 가는 날이면, 저녁 막차를 타고 목사님 댁에서 자고 다음 날 예배를 마치고 막차를 타고 집으로 온다. 사람들의 시선을 피하고 싶었다. 버스 안내양이 있던 시절 버스비를 내민 손을 보고 기겁을 한다.

덕분에 공짜 버스를 타고 다니기도 했다 '소록도에 있는 나환자가 사회에 나와 활동을 해도 되냐?'는 승객들의 소곤거림도 들린다. 내 마음속에선 '나는 나환자가 아니에요!'라고 외치고 싶지만, 죄인인 양 꼭꼭 숨는다. 잘 웃고 명랑했던 나는 '이상하게 생긴 사람이 있어 빨리 와 봐'하며 소리치며 놀려대는 아이들의 웃음소리에도 주눅이 든다.

가랑잎만 굴러가도 까르르 웃음보가 터지는 꿈 많은 열 아홉살 여고생이었다. 화장도 해 보고 예쁜 옷도 입어보고 이제 막 멋 내기할 참이었는데 서러움이 밀려왔다. 동네 사람들의 표현에 의하면 '바지락 껍데기처럼 얍실얍실 하게 예쁘다'라고 했던 내 얼굴과 열 개의 손가락은 어디로 갔을까? 오른손은 몽당손, 왼손은 그나마 오그라진 네 개의 손가락이 있어서 다행이다. 여덟 손가락을 대신할, 엄지손가락이 없어도 고마운 손이다, 이 손으로 나는 섬세한 바느질도 칼질도 요리도 그림도 육아도 아내 역할도 엄마 역할도 가장 역할도 잘 해낸다.

믿음 생활을 한다고 해서 아무런 고난이 없을 것이라고 하나님은 말하지 않는다. 비가 내리면 누구나 비를 맞듯이 어려움은 누구에게나 갑작스럽게 생기는 것이다. 그러나 믿음을 갖고 살게 되면 누구에게나 닥칠 수 있는 고난쯤은 넉넉히 이길 힘을 갖게 되는 것이다.

과감한 도전

유교 사상이 짙었던 가족들은 절에 들어가서 살면 좋겠다고 하셨다. 내 마음엔 이미 기독교 신앙이 자리를 잡았다. "내게 능력 주시는 자 안에서 내가 모든 것을 할 수 있느니라. (빌 4:13)"이 말씀이 용기를 주었다. 이대로 가만히 있을 수 없다. 내가 할 수 있는 것이 무엇이 있을까? 주머니에 두 손을 감추고 모자를 푹 눌러쓴다면 사람들의 시선을 조금이나마 덜 받지 않을까? 지금도 나는 모자를 좋아한다.

옷을 직접 디자인하여 입어보자. 자립을 위해 광주시에 있는 '광주국제복장학원'에 문을 두드렸다. 오경숙 원장님은 흔쾌히 허락해 주셨다. 배우다 못하면 학원비는 환급해 주겠다고 했다. 기숙사처럼 방도 빌려주었다. 일 년 만에 양재 기술을 습득하고, 원장님의 지도 속에 직접 의상실을 운영하게 되었다.

의상실 개업을 하고 손님을 맞이하는 일은 두려웠다. 거리에서 마주치는 사람들의 시선은 따갑고, 지나가다 다시 돌아본 사람들, 무서워하며 엄마 뒤로 숨는 아이들, 늘 죄인의 심정으로 미안한 마음이 들었다. 의외로 손님들의 반응은 좋았다. 나는 재단사로, 재봉사와 시다를 채용했다.

가위질은 두 손으로 가위를 잡고 자른다. 재봉틀은 오른손의 몽땅 손가락 사이에 송곳을 끼우고 테이프로 붙여주면 손가락 역할을 송곳이 예민하게 잘 버티어 준다. 세상은 참 따뜻한 사람들이 더 많다는 것을 알았다. 늘 용기와 격려를 아끼지 않는 분들이 있어 고맙다.

 사랑방처럼 가게에 와서 함께 먹고 놀면서 연결 연결해서 옷을 맞춰 입었다. 그 시절에는 교복도 참 많이 했다. 기성복이 보편화 되지 않아서 맞춰 입었다 "논노패션" 같은 유명 패션 브랜드는 고가였기 때문에 서민들에게 맞춤옷은 인기가 있었다. 내 옷을 만들기 위해 배웠던 양재 기술이 생계 수단이 되었다.

결혼

 교회 지남에 실린 나의 간증 기사를 보고 많은 사람들이 격려의 편지를 보내왔다. 그중에 한사람 중학교 1학년 때부터 원인 모를 질병에 걸렸어도 가난하여 병원에도 못 갔다고 한다. 집에서 대소변을 받아내며 한방약으로만 치료하다가 23살에 병명이라도 알고 싶어 영락교회 한경직 목사님께 사연을 보내 전주 기독교병원에서 고관절 수술을 받았다고 하는 청년의 세세한 편지를 받아보고 연락을 주고받다가 우리는 결혼했다. 고관절에 인공 뼈를 넣어 무릎을 구부리지 못해 지팡이를 짚고 다녔다. 시댁인 고창에서 함께 의상실을 하고 남편은 손재주가 있어 장애인 교육 시설에서 도장 새기는 기술과 시계 수리하는 기술을 습득하여 가게를 도왔다.

두 살 터울의 아들 두 명을 낳아 시어머니의 도움을 받으면서 열심히 일하고, 아이들 양육과 일곱 남매의 맏이였던 까닭에 어린 시동생들 교육비도 지출하면서 단란하게 살았다.

엄마, 아빠가 장애인이다 보니 혹시라도 아이들 정서에 상처가 생기지나 않을까 염려되어 기도하는 마음으로 첫째가 초등학교 1학년 때 삼육학교에 보내기 위해 광주로 이사를 왔다. 최선을 다했다.

은혜롭게도 아이들은 잘 자라주었고 어디에서고 엄마, 아빠의 장애를 변호해 주는 멋진 아들들로 자라주어, 기특하고 고마운 보배들이다.

남편의 죽음과 홀로서기

  서른 아홉살 젊은 아빠는 뺑소니 교통사고로 먼저 이 세상을 떠났다. 그렇게도 사랑하던 두 아이를 (초등학교 3학년, 1학년) 내게 맡긴 채로 무엇이 그리도 급했을까?

  장애인 아가씨 두 명이 나의 손이 되어 내 곁에서 함께 일해 주었다. 지금은 결혼하여 각자의 삶을 살아가고 있지만 잊지 못할 은인이요 사랑스러운 동료들이다.

  아들들은 심성이 참 착하다. 서울로 중·고등학교를 보냈다. 학교 선생님들이나 반 친구들에게도 서슴없이 우리 엄마라고 자랑스럽게 소개한다. 대학 다닐 때도 졸업식에 가면 꼭 교수님께 엄마 소개를 하면 교수님이 놀란다. 아이들은 어느 곳에서나 내 손을 잡고 길을 걷는다. 고맙고 미안한 마음이 든다 '우리 엄마는 내가 태어났을 때부터 보았던 그 모습이어서 좋다'고 한다. 진짜일까? 이런 선물이 또 어디에 있을까? 나는 매일 감사한다. 나의 고난은 큰 축복이었다.

새로운 곳 여주

아는 언니의 권유로 1999년 전남 광주에서 여주로 이사를 왔다. 새로운 생활이 시작되었다. 가게를 얻어 다시 일을 시작했다. 기성복에 밀려 의상실도 석양에 접어들었고 지금은 거의 옷 가게나 수선집으로 바뀌게 되었다.

나도 그렇게 옷도 팔고 수선도 하고 맞춤옷이 들어오면 해주는 것이 일상이 되었다. 광주에서 살 때 단골들이 이사 와서도 자기 맞춤옷을 해달라는 분들도 계셨다. 열 손가락 가지고도 자기들은 못 하는 일을 해낸다면서 행복을 선사한다. 좋은 분들 덕분에 사랑을 배우고 희망을 발견하면서 남한강이 유유히 흐르고 세종의 얼이 깃든 여주에 와서 살게 된 것에 감사한다.

어느새 여주시민이 된 지 25년이다.

아들의 상견례

어느덧 성인이 되어버린 아들들이 결혼하게 되었다. 상견례가 조금 부담되었다. KBS 아침마당에서 출연 요청이 들어왔으니 나가자고 큰아들이 연락이 왔다 "세상에서 제일 아름다운 어머니의 손"이란 이야기로 2012년 5월 8일 가족이 KBS 아침마당에 출연했다.

그 덕분에 상견례가 아주 자연스럽고 즐겁게 이루어지는 계기가 되었다. 외동딸을 키우셔서 사돈을 맞이하게 되면 언니 동생 하면서 지내고 싶다는 말에 우리는 서로 그렇게 부르자고 했다. 사돈 아우님은 결혼식 날 멋진 글을 써서 낭독해 주어 하객들에게 큰 감동을 주었다. 집안끼리의 인연에 서로 감사하며 살고 있다.

외동딸로 자란 예쁜 두 며느리가 새 가족이 되어 서로 우애하고 믿음, 생활을 하며 다섯 명의 손자 손녀가 태어나서 다복하게 살아가고 있다. 나의 장애는 며느리들에게도 엄마의 모습일 뿐이다.

초등학교 1학년 민이는 친구들을 데려와 '여기는 우리 할머니의 비밀 창고야, 재미있는 것들이 진짜 많아' 작은 공방을 보여 준다. 손자녀들은 할머니의 장애가 전혀 친구들에게 보여 주는 걸 창피해 하지 않는 것은 엄마 아빠를 닮았나보다 고맙고 사랑스럽다.

자녀들의 사랑과 새로운 삶

　50대에 내 인생의 후 반기가 시작된다. 어느 지인께서 '50~60대는 인생에서 발악하는 나이라고 자기 계발을 시작해 보라'는 권유로 다시 중단했던 고졸 검정고시에 합격하였다. 여주시 평생학습센터에서 문해 교사 교육을 받고 문해 교사로 봉사하며 배움에 목말라하는 분들을 위해 내 마음이 그랬던 것처럼 공감과 소통의 시간을 보냈다.

　재봉틀을 배우며 자기 옷을 만들어 입고 싶어 하는 이들을 위해 나의 재능을 기부하기도 한다. 아이들과 친해지고, 어려서부터 불조심과 장애인식 개선을 위해 '동화구연'을 배우고 교회에선 어린이 설교 유치원과 초·중·고학생들에게 찾아가는 장애 인식개선 강의를 했다.

유치원에선 그 초롱초롱한 눈망울과 눈 맞춤하면서 질문도 서슴없이 하고 또 '많이 아팠겠어요. 제가 도와드릴게요' 하는 진심 어린 동심을 바라보면서 가슴 뭉클한 뜨거움도 있었다.

민화

 여주시 평생학습센터를 통해 2013년부터 민화를 알게 되었다. 그림을 배우고 그리면서 긍정의 바람이 표현되는 아름다운 우리 선조들의 옛 그림 속에서 마음속 한켠의 따뜻한 기억을 떠올릴 수 있었다. 수백 번의 붓질이 입혀져야 완성되는 그림이지만 오색찬란한 물감 놀이에 행복하다. 지금은 '한국민화협회 여주지회 회원'으로 활동하면서 회원들의 따뜻한 배려와 격려에 늘 감사하다.
가족들의 사랑과 지원 속에서 소통과 행복의 바람을 담아내는 사랑 가득한 작품을 그려낼 참이다.

동료 상담프로그램

 한순간에 외계인같이 변해버린 거울 속의 나를 바라보며 '다른 사람'이 아닌 '나'로 받아들여야 하는 마음이 어떤 것인지 사람들이 지나가다 다시 흘끔거리며 뒤돌아보는 시선이 어떤 느낌인지, 겪어 보지 않는 사람은, 아파 보지 않는 사람은 절대로 모르는 마음이 있다.

 그런 상황에서 누가 함께 들어주고, 이해해 주고 공감해 주었는지가 매우 중요한 것이다. 다시 일어나 일상으로 돌아갈 수 있도록 길을 가르쳐주고 힘을 길러줄 수 있는 자원이 필요하다. 그것이 사람이든, 물질이든, 눈에 보이지 않는 것이든 그런 자원이 얼마나 있었는지를 '여주시 장애인 자립생활지원센터'에서 보내 준 '동료 상담' 프로그램에서 배우면서 깊이 공감하고 있다.

 자기 선택과 자기 결정권을 존중해주며 동료들의 자립을 위해 함께 할 것이다.

차이가 차별이 되지 않는 세상,

 장애인들이 비장애인과 어우러져 서로에게 지지해 주고 소통하며 건강한 관계를 맺으며 살아가는 사회가 되기를 간절한 마음으로 소망하며 기도한다.

마치며

하늘이 나에게 건강한 몸으로 하루를 살아갈 기회를 한 번 더 준다면, 이전보다 더 행복할까? 아니면 똑같을까?

나도 궁금하다.

분명한 것은 더 많이 웃고 사랑한다는 말도 많이 하고 인내하면서 일상의 작은 것들을 더 소중히 여기면서 그렇게 하루를 보낼 것이다.

내가 가야 할 길이 얼마나 남아있는지 모르지만, 지금까지 그래왔던 그것처럼 감사와 긍정의 에너지로 지나온 길을 되돌아보면서 목적지를 향해 담대하게 나아갈 예정이다.

이렇게 나의 이야기를 풀어놓을 수 있도록 기회를 주신 서연하작가님과 관계자 여러분께 깊은 감사를 드린다.

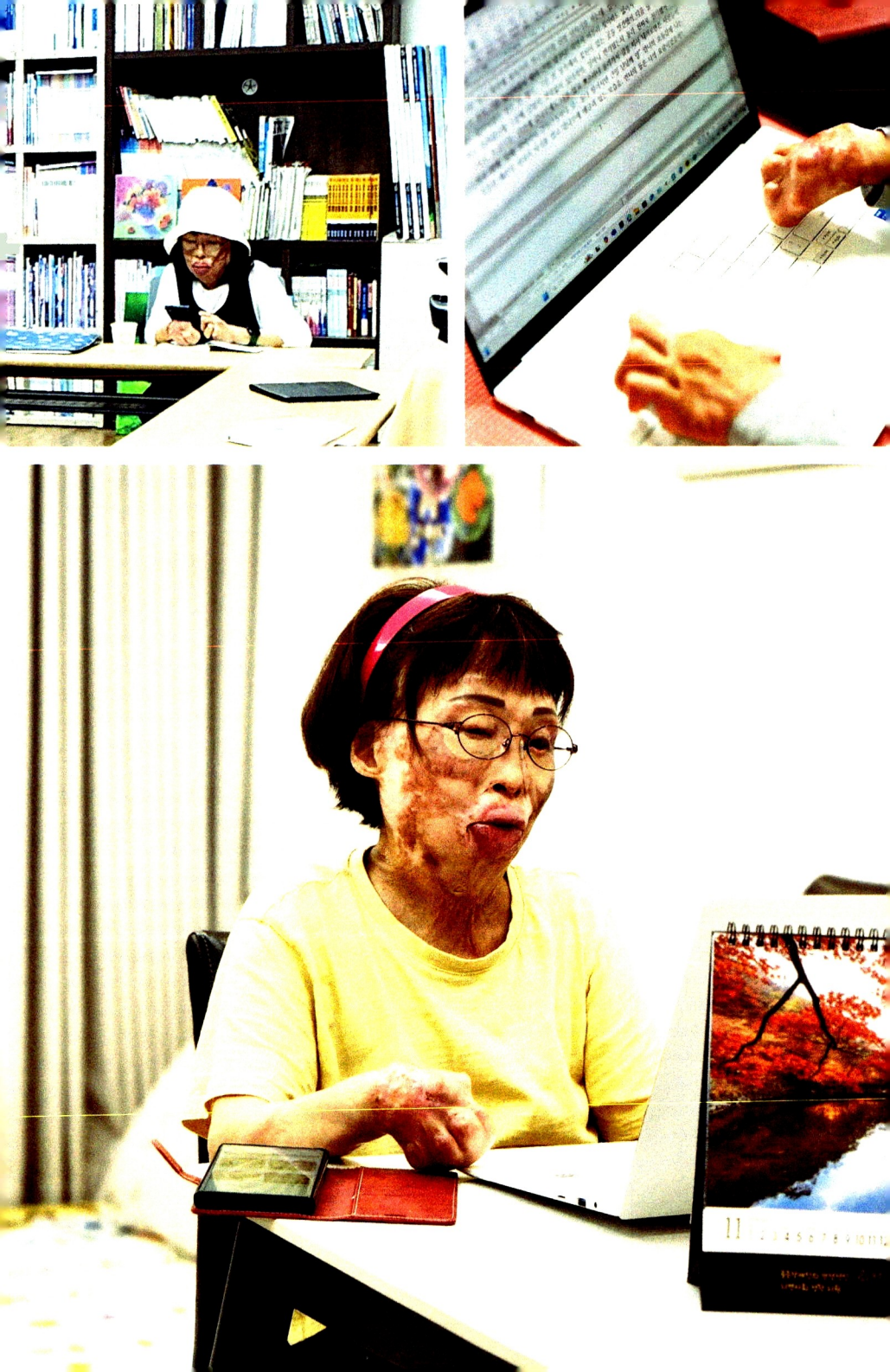

profile

장기현

010-5326-1462
kihyunjang0223@gmail.com

저는 여주에서 사는 머리로 움직이는
사지마비 장애인 입니다.
다치기 전에는 각종 스포츠와 여행을 좋아했고,
다친 이후에는 오랜기간 은둔생활을 하다가
세상밖으로 나와 이제 막 기지개를 펴는 사회 초년생,
그동안 머리속으로 상상만 했던 일들을 하나하나씩
실천하며 행복을 찾아가는 평범한 장애인 입니다.

마음의 담장 허물기

"안되면 안되는가 보다. 언젠간 되겠지….."
-책 속 문장-

들어가며

내가 글을 쓰려고 결심한 것은 잘나서도 아니고 인생을 많이 살아서도 아니다.

사고로 인해 사지마비 장애인 되고 나서 느꼈던 좌절과 고통 그리고 방황, 스스로의 울타리를 쌓아 자기만의 세계에 가두었던 지난날들과 바깥세상과 단절된 생활 속에서 한 발짝씩 밖으로 나오는 과정, 부딪히며 겪은 일들을 그때 심정으로 하나하나 이야기해 보려고 한다.

처음부터 글 쓰려고 한 건 아니다.

많이 조심스러웠다.

나 자신의 아픈 상처를 내가 모르는 이들에게 이야기할 필요가 있을까? 해서 많이 고민도 했다.

하지만 여러 사람의 설득과 응원에 힘입어 나 같은 삶을 살고 있는 사람들에게 용기와 작은 도움이 됐으면 한다.

나는 그들에게 이렇게 말해 주고 싶다.

세상에 나와 보니 괜찮네! 당당하게 맞서라고!!

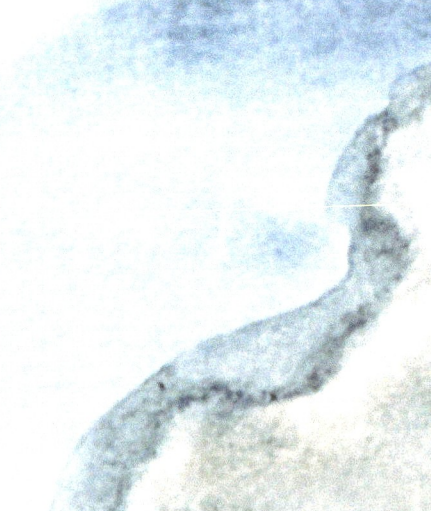

깨어진 일상 그리고 좌절

 2005년 8월 2일. 우리 가족은 속초 해수욕장에서 맛있는 것도 먹고, 수영도 하고, 나훈아 40주년 콘서트에서 걸그룹 주얼리 공연도 보면서 속초에서의 즐거운 하루를 보냈던, 꿈에도 잊혀지지 않는 8월 3일 운명의 날이 밝아 왔다. 우리는 오늘도 즐거운 시간을 보내기 위해 바다로 향했다. 어제처럼 아이들이 즐겁게 노는 모습을 멀리 떨어져서 지켜보고 있을 때 갑자기 비가 내리며 파도가 심해졌다.

 그만 나와서 워터파크로 가자고 하니 더 놀고 오후에 가자고 하길래 더 이상 재촉을 안 하고 파도가 심해져서 더 재미있을 것 같아 나도 바다로 뛰어들어 파도를 즐기고 있을 때 바깥쪽에서 울고 있는 어린아이를 발견했다. 그래서 그 아이가 있는 곳으로 갔다. 난 그 아이에게 왜 우느냐고 물어보니 튜브가 멀리 가서 우는 거였다. 아이가 가리키는 곳을 보니 튜브가 멀리 떠내려가고 있었다. 평상시 같으면 쉽게 갔다 올 텐데 오늘은 파도가 높아서 약간은 망설여졌지만, 아이를 달래고 뒤돌아 튜브가 있는 곳으로 수영을 해갔다.

아이에게 튜브를 돌려주고 우리 아이들이 있는 곳으로 왔다. 점점 파도가 심해져, 바다에서 나와야 하는 상황이어서 아이들이 가지고 놀던 튜브를 반납하러 가다가, 해안 침식으로 모래가 폐인 곳에 왔을 때 반납하기 전에 한 번만 해 보고 싶은 게 있었다. 튜브를 바다에 던지고 튜브를 향해 한 바퀴를 돌아서 튜브에 안착하고 싶었다. 그래서 힘껏 점프했다 튜브에 닿는 순간 파도가 큰 파도가 동시에 튜브와 나를 공중으로 날려 버렸다.

둔탁한 소리와 함께 바닥에 내동댕이쳐지는 순간 무언가 잘못됐다는 생각이 들어 몸을 일으키려고 하여도 몸이 말을 듣지 않았다. 그때부터 파도와의 사투가 시작되었다. 밀려오는 파도에는 숨을 멎고 파도가 물러났을 때는 소리를 질렀다. 누군가가 나를 발견하던지 내 소리를 들을 때까지 파도와의 사투는 계속됐다. 어느 정도의 시간이 흘렀을 무렵 울면서 달려오는 아들을 보았다. 잠시 후 사람들이 몰려왔다. 건장한 청년 넷이 함께 내 팔과 다리를 하나씩 들고 큰길 쪽으로 옮겼다. 옮기는 와중에 나는 그들을 향해 "목⋯. 목⋯. 목을 다쳤어요!"라고 소리를 질러도 내 소리는 너무 낮았고 바다의 파도 소리와 주변 사람들의 시끄러운 소리로 인해서 내 목소리는 그들에게 전달되지 않았다. 목이 덜렁덜렁 이동하면서 이차적으로 신경이 더 손상당한 것 같다. 그렇다고 나는 그들을 한 번도 원망해 본 적이 없다. 그들은 고마운 사람들이다.

119 소방대원들이 도착했다. 곧바로 속초병원으로 이동했다. 난 그곳에서 너무 많은 시간을 기다려 이것저것 검사를 마쳤고, 의사 선생님이 빨리 큰 병원으로 옮기라고 말했다. 환자 상태를 보면 알 텐데 여기서도 시간을 많이 허비하고 말았다. 나는 사설 구급차를 타고 강릉아산병원으로 이동 중 휴가 차량으로 인해 차가 막혀 옴 짝달싹도 못 하고 있었다. 운전기사분이 창문을 열고 "길을 터주세요." 하는 소리가 내 귀에 들려왔다. 그래도 차들은 요지부동이었다. 난 그곳에서도 너무 많은 시간을 기다려서 이것저것 검사를 마쳤고 또 다시 의사 선생님이 빨리 큰 병원으로 옮기라고 말했다.

우여곡절 끝에 저녁이 다 돼서야 병원에 도착할 수 있었다. 응급실에 들어가니 담당 전문의가 퇴근하셨다고 수술을 할 수 없다고 출근하실 때까지 기다려야 한다고 했다. 이곳에서도 너무나 많은 시간을 기다리며 허비해야만 했다. 날이 밝아 오고 있을 때쯤 간호사들의 어수선한 움직임을 보니 수술이 임박했음을 알 수 있었다. 나의 수술 과정을 보면 응급이 아닌 완급이었다.

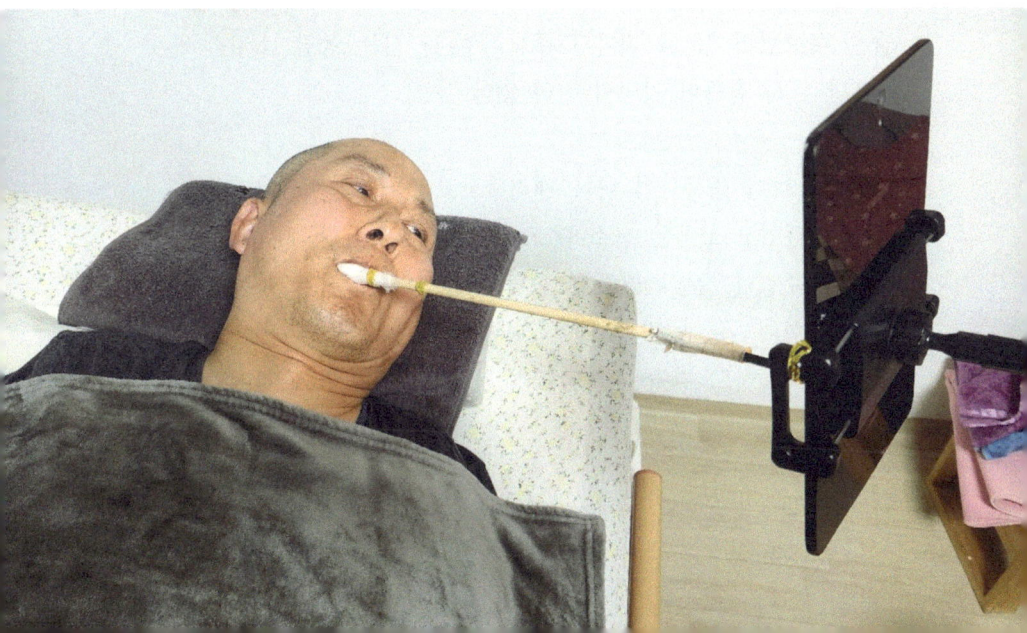

절망속에서 피어난 희망의 꽃

우리나라 의료 시스템에 대한 불만과 할 말은 많지만 여기서 끝내기로 한다. 눈을 떴다. 눈부신 조명이 내 눈으로 쏟아져 한참 만에 사물을 볼 수 있었다. 세상이 보이는 걸 보니 내가 아직 살아 있긴 한가 보다 하는 생각과 동시에 온몸이 고통스럽게 저려 올 때 인기척이 들려왔다. 나는 소리쳤다. "나 좀 주물러 주세요." 그들은 웃으면서 "돈을 줘야지 주물러주지~"하는 농담 소리가 들렸다. 난 다시 잠들어 기억이 전혀 없다.

깨어나 보니 가족들이 나를 내려다보고 있었다. 목에는 보호대가 씌워져 있었고 코에는 산소마스크가 씌워져 있었다. 나는 어머니의 눈과 마주쳤다. 눈이 빨갛게 충혈되어 있었다. 아마도 나 때문에 우신 듯하여 "눈에 뭐가 들어갔나 봐?"하며 농담을 던졌다. 몸은 움직이지 않아도 감각은 있었다. 간호사도 그랬다. 감각이 있으면 나중에 움직일 수 있다고 그때까지만 해도 그 말을 철석같이 믿었다. 지인들이 하나둘씩 다녀갔다. 곧 일어날 거라고 하면서…. 그곳에 있는 의사, 간호사 선생님들이 너무나도 친절하게 잘 대해 주시고 늘 응원에 메시지를 보내 주셨다.

 그렇게 병원 생활이 시작되었다. 오늘 몸무게를 재는 날이다. 보자기에 내 몸을 넣고 막대 저울에 나를 매달았다. 몸무게 75kg. 식구들이 교대로 간호했다. 나 때문에 모두 너무나 많은 고생을 하는 것 같다. 그래서 나는 너무 힘들지만, 내색을 할 수 없다. 난 사실 매일 내 몸이 이불에 똘똘 말려 있거나 멍석에 말려 있는 악몽을 밤마다 꾼다. 그래서 거의 잠을 못 자고 있다. 아까도 사실 밧줄에 발끝부터 머리까지 묶여서 꼼짝달싹할 수 없는 꿈을 꾸었다. 너무 힘들다. 머리에는 원형 탈모가 일어나기 시작한다.

 두 달이라는 시간이 지날 때쯤 나의 몸무게는 62kg.

 몸무게 13 kg가 빠졌다. 말하는 것도 숨 쉬는 것도 너무 힘들다. 처음에는 에어컨을 너무 틀어서 병실에 산소가 별로 없나 그렇게 생각했다. 이게 나의 현실이다. 평생 이렇게 살아야 한다는 것을 알았다. 지금까지 참았던 눈물이 쏟아지기 시작했다. 너무나 슬프고 억울했다. 이 현실을 받아들여야 하는데 받아들일 수가 없었다. 죽고 싶었다. 어떡하면 죽을 수 있을까? 매일 그 생각을 떨쳐 버릴 수가 없었다. 어떻게 살아야 할지 모르겠다. 매일매일 간절하게 기도했다가 신을 원망하기도 했다. 부정도 했다. 내가 걷지 못하면 신은 이 세상에 없는 거라고 3개월 정도가 흐르고 병원을 옮겨야 할 때다. 아무런 의욕이 없었다.

서울대 재활의학과로 옮겼다. 며칠 동안 아무것도 하지 않았다. 그 후 다시 세브란스로 이동했다. 사설 구급차에서 내리는데 낯익은 얼굴이 보였다. 친구였다. 그는 여기서 근무하고 있었다. 반가웠다. 나는 이곳에서 이를 악물고 재활에 매진했다. 죽을 수 없으면 살아야 하니까, 다시 움직일 수 없는 것을 알지만 인정하기 싫었다. 일종의 몸부림이었다. 남동생이 나를 간호하겠다고 올라왔다. 나는 고마우면서 미안했다. 그게 차라리 마음이 편하고 안정이 되는 것 같았다. 주말에는 애들 엄마가 교대했다. 사실 애들 때문에라도 빨리 일어나야 한다고 생각했다.

오늘은 첫눈이 왔다. 휠체어에 앉아서 창밖을 보니 따지 않은 무언가 위에 눈이 하얗게 덮여 있었다. 계속내서 내 이름을 부르는 소리가 들렸다. 그쪽으로 목을 돌려 보았다. 간호사 선생님이 내 쪽으로 오면서 빨리 방광을 뚫어 소변 줄을 해야 한다고 했다. 이동식 침대를 타고 병원 본관으로 이동했다. 레이저로 뚫을 거라 금방 될 거라고 했다. 토요일 오후라 담당 교수님은 안 계시고 레지던트 분이 하기로 했다. 나는 소리를 질러댔다. 머리가 터질 듯이 아팠다. 아마도 내가 감각이 없을 거로 생각하고 시술했나 보다. 잠시 후 모든 게 끝나고 복도에서 대기하면 금방 데리러 온다고 했다. 그러나 그들도 퇴근해 버렸다. 데리러 온다는 사람은 오지 않고 점점 어두워졌다. 그날은 비가 오고 날씨가 갑자기 추워진 날이라서 너무나 추웠다. 오돌오돌 떨면서 누가 오기만을 손꼽아 기다릴 수밖에 없었다. 시간이 얼마나 흘렀는지 먼발치에서 소리가 들려서 그쪽을 쳐다보니 누군가 헐레벌떡 뛰어오고 있었다. "죄송합니다. 인수인계를 못 받아서 지금에야 옵니다." 속으로는 화가 났지만 어쩔 수 없이 괜찮다고 했다. 그날도 그렇게 지나갔다.

나는 이곳에 와서 무지 힘들더라도 재활을 열심히 받고 빨리 움직였으면 싶었지만 내 몸 상태로는 호흡과 기침 연습이 다였다. 며칠 후 재활의학과 과장님과 면담하게 됐다. 퇴원하라고 하셨다. 병원에다 돈을 다 쓰지 말고 아꼈다가 줄기세포가 나오면 그때 수술을 받으라고 했다. 더 이상 손상된 신경은 회복이 안 된다고 맞는 말이지만 벌써 포기한다는 것이 마음에 내키지 않았다. 그때는 황우석 박사가 줄기세포를 개발해서 머지않은 미래에 이식하면 우리도 걸어 다닐 수 있다는 희망으로 부풀었을 때다. 그래서 모두 힘들어도 열심히 재활하며 병원 생활을 버텨갔다. 물론 나도 마찬가지다 줄기세포에 희망을 갖고 하루하루 참으며 살아가고 있었다.

과학과 신의 영역

　2005년 11월 황우석의 줄기세포가 엉터리 사기행각으로 밝혀졌다. 나는 믿고 싶지 않았다. 사실이 아니기를 바랐다. 그러나 사실이었다. 매일매일 톱기사로 다루어졌다. 세상이 온통 황우석의 이야기로 들끓었다. 병원에 있던 모든 동료가 희망을 잃은 눈빛으로 기사들을 보고 있었다. 무언가 잘못되어 가고 있었다. 어떻게 전 세계를 상대로 사기를 칠 수 있었을까? 당장이라도 달려가서 왜 그랬냐고 따져 보고 싶었다. 정말 화가 났다.

　나는 밖으로 나와서 동생에게 담배를 구해 달라고 했다. 병원 생활 5개월 만에 피우는 담배였다. 온몸에 힘이 빠지고 몹시 어지러웠다. 정말 안 되는 걸까? 현대 과학으로는 범접할 수 없는 신의 영역인가? 어떻게 해야 할지 누군가 속 시원히 이야기해 줬으면 좋겠다.

오늘 밤도 이런저런 생각과 고민으로 잠을 못 이루고 있다. 이젠 동생도 자기 일을 찾아가게 해야 할 것 같다. 하루 이틀에 되는 일도 아니고 세월과의 싸움이기 때문에 어쩔 수 없이 보내야 한다. 난 아무것도 해준 게 없는데 너무 큰 은혜를 받은 것 같다 미안하면서 고마웠다.

이제는 나도 홀로서기를 할 때가 된 것 같다. 주문한 휠체어도 나오고 간병인도 오셨다. 나는 휠체어를 타고 본관 옥상정원으로 갔다. 순간 나쁜 생각이 들었다 간병인 분께 핸드폰을 병실에 두고 왔으니 가져다 달라고 부탁을 하고, 그사이 그곳에서 뛰어내리고 싶은 마음이 들었다. 아무리 뛰어내리려고 휠체어 위에서 몸부림을 쳐도 몸은 움직이지 않았다. 죽는 것도 내 마음대로 되지 않았다. 가끔 이런 생각이 들 때면 가족들 생각하며 떨쳐 버리곤 했다. 그 때 흘린 눈물이 평생 흘린 양보다 많았을 것 같다.

어느 날 병원 교회 앞을 지나게 되었다. 나는 호기심에 열린 문 안으로 빼꼼히 들여다보았다. 아무도 없길래 들어가 보았다. 아무도 없는 교회에 혼자 있는 건 처음이었다. 너무 고요했다.

"나를 고쳐 주세요. 전처럼 움직일 수 있게…."

눈에 눈물이 고였다. 내가 무슨 죄를 그렇게 많이 지었다고 세상에는 진짜 나쁜 놈들도 많은데 왜 하필 나느냐고 애원도 따져도 보았다. 그렇게 그렇게 세월이 지났다.

그새 마음도 무뎌진 것 같다.

혼돈속으로

　새해가 밝았다. 처음으로 병실을 나와 외박을 나갔다. 집까지 가기에는 거리가 너무 멀어 동생네 집에서 머무르기로 했다. 모든 가족이 거기에 모였다. 분위기는 처음 다쳤을 때보다는 많이 좋아졌다. 저녁을 먹고 간단하게 맥주 한 잔씩 마시며 병원 생활에 관한 얘기들을 주고받았다.

　즐거움도 잠시 가슴이 답답하고 머리가 아팠다 부주의로 소변 줄이 빠져버렸다. 새벽 한 시에 응급실을 향해 달려가는 상황이 되었다. 시간이 지체돼서 다시 삽입하는 데 애를 먹었다. 나의 첫 외박은 이렇게 마무리되었다. 지금 생각해 보니 그 후에도 이런 일이 종종 있었던 거 같다. 새로 간 병원에서 주치의와 상담하게 되었다. 재활을 통해서 어느 정도까지 하고 싶은지 말하라고 했다. 그래서 난 말했다. 손으로 밥도 먹고 가려운 곳을 긁을 수 있었으면 좋겠다고 했다. 그럼, 우리 열심히 해 봅시다. 말이 떨어지기가 무섭게 노크 소리가 들렸다.

"들어오세요."

 문이 열리고 키가 큰 남자분이 들어왔다. 그는 내 담당 치료사였다. 우리는 서로를 소개하고 그를 따라서 물리치료실로 이동했다. 그는 내게 솔직하게 말한다며 운동한다고 다 되는 거는 아니라고, 나도 알고는 있었지만, 지푸라기라도 잡는 심정으로 몸이 부서지도록 재활에 매진했다. 물론 작업 치료도 열심히 하였다. 96kg 넘는 치료사가 내 어깨에 매달려 어깨로 으쓱으쓱 들어 올리는 운동을 하루 30분 이상 매일매일 했다. 그 후유증으로 회전근개 파열까지 일어났다. 어깨가 너무 아팠다. 그래도 운동을 멈출 수는 없었다.

 내가 아무것도 안 하고 치료를 받는다는 것은 배부르고 사치스러운 이야기 같다. 한 손만 움직일 수 있다면 더한 고통과 통증도 이겨내야 한다고 늘 생각하면서 지냈다. 지금 생각해 보면 참 무식했던 거 같다. 그로 인해 20년 가까이 지났는데도 어깨가 바람만 스쳐도 너무 아프다. 그땐 이렇게 지내지 않으면 하루도 못 살 것 같고, 고통과 악수하며 지낼 것 같아 이렇게까지 했는데 손은 조금도 움직이지 않았다. 손 하나만 움직이는 게 그렇게도 욕심이란 말인가 어떻게 살아야 할지 앞이 캄캄하다.

 희망도 계획도 없이 하루하루 시간만 흘러가는 것이 안타까울 뿐이다. 막연한 꿈과 희망에 기대어 산다는 것이⋯.

집으로

 1년이란 시간이 지났다. 이 병원 저 병원 재활을 잘하는 병원을 찾아 죽지 않을 만큼 열심히 해도 몸은 움직여 주질 않았다. 나도 알고 있었다. 6개월에서 9개월 정도 지나면 신경은 회복되지 않는다는 것을, 나 같은 상태에서 신경이 돌아온 사람은 없다고 한다. 계속해서 병원 생활을 해야 할 것인가? 집으로 돌아가야 할 것인가? 의사는 집으로 가라 하고, 어떤 이는 기적이 있지 않냐, 하며 좋은 생활을 계속하라고 한다.

시간이 약이라는 말이 있다.

문득문득 죽어야겠다는 생각은 들지 않고 침대에서 떨어지면 내 목만 부러질 거다. 다시 부러지고 싶은 마음은 지금도 없다.

몸을 사린다.

참 웃긴 얘기다.

얼마 전까지만 해도 내 머릿속에는 온통 죽어야 한다는 생각밖에 없었는데 이렇게 간사할 수가 없다.

한 달도 안 남은 동안 집에선 내가 사는 데 불편함 없이 살 수 있도록 수리 중이고 나는 병원 생활을 정리하고 집으로 가는 준비를 하는 중이다. 콜밴을 타기 위해 장애등급도 받고 나름 준비를 했다. 병원 밖으로 나가는 것이 약간은 두려웠다.

병실 동료분들과도 정이 많이 들어 헤어지는 게 아쉬웠다. 그들도 가지 말라고 하며 인사를 주고받았다. 눈물을 흘리며 가서 잘하라고 하시는 분들도 있고, 이렇게 아쉬운 이별을 하고 동생 차에 올랐다. 가는 도중에 강가에 차를 세웠다. 눈 부신 태양, 살살 불어오는 바람, 풀 냄새, 병원에서 느낄 수 없었던 바깥세상 공기가 신선하고 좋았다.

집에 도착했다. 차에서 내릴 수 없었다. 멀리서 바라본 집 앞에는 동네 분들이 많이 모여 있었다. 난 동생에게 빨리 차를 돌려 다른 곳으로 가자고 했다. 조용히 집에 가고 싶었다. 내가 아는 누구에게도 나의 이런 모습을 보여 주긴 싫었다. 조용히 집에 들어가고 싶었다. 가족에게 전화를 걸어 그곳에 모여 있는 분들께 나중에 오시라고 말하고 돌려보내라고 했다.

한 바퀴 돌고 와 보니 그때까지도 안 가고 두 분 정도가 남아 계셨다. 어쩔 수 없이 내려야 할 것 같아 동생이 나를 휠체어에 태우고 안으로 들어갔다.

아들과 딸이 아빠 하면서 내게로 왔다. 반가우면서 슬퍼졌다. 나는 그렇다 쳐도 우리 애들은 무슨 죄가 있단 말인가. 아직 어린 애들이라 아빠의 도움이 많이 필요할 때인데….

오히려 내가 짐이 된 것 같다. 부모님도 마찬가지로 연세가 있으셔서 힘드신데 나 때문에 고생만 하시는 것 같아 내 마음이 아프다. 차라리 그때 죽는 게 나았었는지 이렇게 살아서 얼굴이라도, 목소리라도 들려주는 게 다행이라고들 하는데 맞는 말인지 잘 모르겠다. 매일 생활하던 곳인데 낯설고 기분이 이상했다.

꼭 남의 집에 온 것 같았다.

하루빨리 적응해야겠다.

내가 앞으로 살아야 할 것이기에….

은둔의 시간

아이들이 아빠하고 잔다고 이불과 베개를 가지고 왔다. 그리고 운동하고 잠자리에 들었다. 잠자리가 낯설어서 그런지 도무지 잠을 줄 수가 없었다. 조금 있으면 아들이 사춘기인데 아빠 때문에 놀림을 받고 피해를 당할까 봐 어떻게 해야 할지 이런저런 생각이 많은 밤이다.

개구리 소리는 어찌나 큰지 새벽이 다 돼서야 잠든 것 같다. 창가로 비치는 눈 부신 햇살 주방에서 달그락거리는 소리에 눈을 떴다 어머니 소리였다. 하루 세 끼를 내가 좋아하는 음식으로 매일매일 만들어다 주신다. 음식을 받아먹으면서도 늘 죄송스러웠다.

지인들이 매일 같이 문병을 왔다. 한편으로 고맙고 부담스럽고 불편했다. 그들이 해주는 위로의 말들에 오히려 나는 짜증이 났다.

어떤 사람은 나처럼 움직이지 못했었는데 운동을 많이 해서 지팡이를 짚고 걸을 정도가 됐다고, 너도 할 수 있다고, 물론 나를 위로하기 위한 말인 줄 안다고 하지만 그런 말이 싫다.

그럼 나는 게을러서 운동을 안 해서 못 걷는다는 말인가 밤낮을 가리지 않고 찾아왔다. 근육이라고 하나도 없는 초라한 내 몸을 누군가에게 보여 주기 싫은데, 응가하는 모습을 보여 주기란 더더욱 싫은데, 응가할 시간이 돼야 돌아갔다.

"나중에 다시 오면 안 될까?"

부탁했다.

밤에 술 먹고 찾아오는 이에겐 내일 술 깨서 오라고 했고, 이렇게 했던 말들이 눈덩이처럼 커져서 내게로 흘러 들어왔다. 누구를 당장 나가라고 했고 또 다른 사람은 다시는 오지 말라고 했다고, 나에게 찾아가면 내가 그런다고 소문이 났다.

난 그런 적이 없었다.

술에 취해 자정이 넘은 시간에 찾아와 떠들면 나만 사는 것도 아니고 가족들 모두 일어나서 자지도 못하고 기다려야 하는 상황에서 정중히 부탁했을 뿐인데 차라리 잘된 일이다 싶다.

 이때부터 오늘 사람에게 먼 훗날 건강한 모습으로 그때 보자고 당분간 날 찾아오지 말라고 얘기를 했다. 그때부터 서서히 발길이 끊어졌다.

 난 집 밖으로 한 발짝도 나갈 수가 없었다. 창문으로 내다보는 세상이 전부였다. 구름도 보고 달도 보고 햇볕도 쏘이지만 밖으로는 나갈 수가 없었다.

 아는 사람들이 나만 쳐다보고 내 얘기를 하는 것 같아서 도저히 밖으로 나갈 수가 없었다. 그럴수록 나는 마음의 문을 굳게 닫아 버렸다. 그러다 정 답답하면 동생을 불러서 차로 가고 싶은 곳을 갔다 오곤 했다.

 조금은 마음이 상쾌해지는 거 같다.

 이렇게 나의 은둔 생활이 시작되었다.

 점점 더 신경질적으로 변하는 내 모습, 퉁명스러운 말투, 그들이 무슨 잘못을 했다고, 가족들 모두 나를 위해 헌신한 죄 밖에 없는데, 상처 주고 마음 아프게 했는지 내가 왜 그랬는지 미안한 마음뿐이다.

개미와의 전쟁

매일매일 똑같은 일상, 아침에 일어나서 아침을 먹고, 한잠 자고, 점심 때쯤 일어나서 휠체어에 앉아 점심 먹고, 씻고, 3시간쯤 앉아 있다가 다시 올라가 잠을 자고, 저녁때쯤 일어나 저녁을 먹고, 다시 휠체어에 타서 TV 보다 씻고, 다시 침대에 올라가 잠을 잤다.

이게 나의 일상이었다.

가끔 식구들을 보고 나머지 시간은 간병인분과 대부분 시간을 보냈다. 나는 그렇게 외부와의 담을 쌓고, 외부와 단절된 생활을 하고 있었다.

어느 날 간병인 분이 미용실에 가셔서 나 혼자 있을 때였다. 앵앵거리는 모깃소리가 났다. 날이 어두워지면 문을 닫아야 하는데 열린 것 같다. 난 모기와 사투를 벌이기 시작했다. 입으로 후후 불고 욕도 해가며 모기를 내쫓았다. 이놈의 모기는 끈질기게 나한테 달려들었다. 악착같이 내 피를 먹겠다는 집념과 끈기에 내가 지고 말았다.

"네가 이겼으니 실컷 내 피를 빨아 먹고 가라, 가라"

혼잣말로 중얼중얼…. 두 놈이 얼마나 많이 먹었으면 잘 날질 못한다. 간병 아주머니가 돌아왔다. 저놈들이 내 피를 빨았다고, 그것들은 금방 파리채 위에 묵사발이 되었다. '적당히 먹고 도망갈 것이지! 그렇게 많이 먹어서 제 몸도 못 가누고 비참한 최후를 맞이했구나!' 몸을 움직일 수 없으니, 파리모기도 날 무시하는 것 같다. 내가 모기만도 못한 놈인가?

또 이런 일만 있었던 건 아니다.

어느 날부터 개미가 한두 마리씩 보이더니 줄을 지어서 내가 있는 방으로 들어오기 시작했다. 달달한 음식이 있었나 보다. 아주머니를 불러 살충제를 뿌려서 개미들을 다 박멸해 버렸다.

이게 끝은 아니었다.

혼자 낮잠을 자고 있을 때였다. 손가락 사이 끝이 간질간질 따끔

따끔했다. 그래서 눈을 떠서 손가락 사이를 보니 개미가 새까맣게 붙어 있었다. 어느새 이놈들이 들어와서 나의 손 중에 제일 연한 부분을 뜯어서 먹고 있는 놈, 운반하는 놈들의 행렬이 이어졌다. 파리, 모기도 아닌 개미까지 나를 먹이라고 생각하나 보다.

그래도 누군가 불러야 하지 않을까? 그래서 소리를 질렀다.

"밖에 누구 없어? 밖에 누구 없어?"

몇 번을 소리쳤다.
잠시 후 아들이 뛰어왔다.

"아빠 왜 그래?"
"아빠 손을 좀 봐"

깜짝 놀라서 개미를 때려잡기 시작했다. 개미 행렬을 따라 집까지 쫓아가서 모두 박멸해 버리고 돌아왔다. 내 손을 보여 달라고 했다. 내 손을 보니 손가락 사이 안쪽 가장 연한 곳을 뜯어 먹어서 불긋불긋 껍질이 벗겨져 있었다. 약을 바르고 나서 개미 박멸 작전에 돌입했다.

그날부터 개미가 나타나면 무조건 때려죽였다.

똑같은 일상에 가끔은 이런 일도 있는 것도 나쁘지는 않은 거 같다.

세상과의 연결고리

 문득 '벌레만도 못한 놈'이란 말이 떠올랐다. 꼭 나쁜 짓을 해서 듣는 욕이 아니라, 내 처지가 그런 것 같다. 남의 힘을 빌리지 않으면, 곤충 벌레한테도 속수무책으로 당하는 건 물론 누구의 도움 없이는 먹고 싸는 것도 할 수 없는, 벌레만도 못한 놈 인것 같다. 벌레는 스스로 먹고, 싸고, 자기가 가고 싶은 곳도 자유로이 가는데 나는 그 벌레만도 못한 것 같다는 생각이 가끔 들기도 한다.

 어느 날 ㅇㅇ장애인 지원 센터에서 사무장과 장애인 상담가가 찾아왔다. 장애인 활동 지원에 관해 설명하고 계약을 하자고 했다. 나를 도와줄 수 있는 활동 지원사가 있냐고 물어봤다. 우리 사무실에는 일 잘하는 분들이 많다고 했다. 때마침 내가 내일까지 혼자 있어야 하는 날이다. 간병인 분은 일주일에 한 번 쉬는 날이고 가족들은 학교에 가고 일을 나가야 하는 상황인데 내일 당장 와 줄 수 있냐고 했더니 활동 보조 선생님은 다음 주부터나 나온다고 하셨다. 많은 이야기를 나누고 서로 인사를 하는데 사무장이 헤어지며

"그럼 내일 뵙겠습니다."

하면서 갔다. 내일!! 그 시간이 됐다.
누군가의 인기척 소리가 들렸다. 잠시 후….

"똑똑"
"들어오세요."

어제 왔던 분들이다. 그들은 약속을 지켰다. 둘이 낑낑대며 휠체어에 나를 태웠다. 눈물이 날 만큼 고마웠다.

우리는 한국 사람만의 서로 친해지는 독특한 대화방식, 형사 취조 놀이를 한참 동안 이어 갔다. 몇 년 만에 외부 사람을 만나서 이야기를 나눈 건 처음인 것 같다. 즐거운 시간이었던 것 같다.

그 후에도 내가 애로사항이 있을 땐 전화를 걸어 도움을 요청하기도 했다. 예를 들면 병원을 가야 하는데 가족 중 나를 병원에 데리고 갈 사람이 아무도 없을 때 있었던 이야기다. 장애인 ○○관에서 휠체어까지 들어가는 콜밴을 이용할 수 있다는 소리를 듣고 전화를 해서 시간을 맞춰 병원으로 이동했다.

그런데 어처구니없는 일이 벌어지고 말았다.

11시 30분 진료를 마치고 나왔는데 기사 분이 점심 먹으러 가야 한다고 하셨다. 처방전 받고 계산 하는데 5분이면 된다고, 기다려 주십사 부탁을 드렸는데도 막무가내로 가신다고 하셨다. 그럼, 몇 시에 올 수 있냐고 물었다. 점심 먹고 휴식해야 하니까 언제 올지 모른다고 하면서 그냥 가 버렸다. 참으로 어이가 없었다. 간병인 분이 처방전과 계산을 끝내고 내게 왔을 땐 이미 차는 떠나 버린 후였다. 우리는 서로 눈만 마주 본체 말을 잃고 서 있었다. 이제부터 집에 갈 걱정에, 서울에 있는 동생은 오라 할 수도 없고, 온다 간다 말도 없이 떠나 버린 기사님을 마냥 기다릴 수도 없었다.

장애인 체면에 욕은 못 하겠고
'도그 베이비 잘 먹고 잘살아라.'

지난번에 방문했던 사무장에게 급하게 전화를 걸어 지금 상황을 설명하고 도움을 요청했다. 금방 갈 테니 조금만 기다리시라고 했다. 바로 잠시 후에 사무장님이 차를 갖고 오셔서 우리는 집으로 올 수 있었다.

"감사합니다. 감사합니다. 조심해서 가세요."

인사를 하고 헤어졌다. 내게 와주었던, 어쩌면, 그와의 만남이 세상과 연결해준 끈이 된 거 같다. 몇 년에 걸쳐 세상 밖으로 나와 생활 해 보면 어떻겠냐고 조언을 하셨다. 한편으로는 그러고 싶은 마음도 있었지만, 아직 까지 닫힌 마음은 열리지 않은 듯 싶다.

어쩜 세상으로 나갈 용기가 없었던 것 같다.

집 밖으로 나가기

다치고 바깥세상과 담을 쌓고 지낸 지 13년쯤 지난 것 같다. 세월이 참 빠르게 지난 듯싶다. 언제까지 집에 부담을 주면서 살아야 하는지…. 그렇다고 몸은 둘째치고 말하기도 힘든데 어떻게 집을 떠나 살 수 있을지 걱정이다.

'일단 나가자 다시 들어가더라도!!'

며칠 후, 집에서 가까운 동네에 원룸을 전세로 계약하고 이사를 했다. 오늘부터 독거 생활이 시작됐다. 좋은 점은 바우처 시간이 많이 늘어 집에 경제적 부담을 줄일 수 있고 가족에 대한 걱정도 많이 준 것 같다. 가끔은 마트도 갔다. 그곳에서 아는 사람을 보면 그가 보이지 않는 진열대 뒤로 숨곤 했다.

집에서 대부분의 시간을 1층 주차장에서 보냈다. 주차장에서 내가 할 일이 뭐가 있을까? 그냥 바쁘게 출퇴근하는 사람들의 일상을 지켜보든가 연로하신 할머니들이 주차장 그늘 바닥에 돗자리를 펴고, 매일 무슨 이야기들을 하는지 궁금해서 엿듣기도 했다. 대부분의 이야기는 자식 자랑이었다. 그런데 내가 생각해 보기에는 현실과는 다른 것 같다. 자식들이 그렇게 자랑하는 대로라면 원룸에서 혼자 살게 하지 않았을 듯? 싶다.

그러다가 어느 날 고무 다라이에 흙을 담아서 텃밭을 만들기로 했다. 만든 텃밭에는 고추도 상추도 토마토도 깻잎도 심어져 있었다. 물도 주고, 물론 내가 주는 건 아니지만 매일매일 지극정성을 들여서 가꿨다. 매일 커가는 모습을 보면서 그때만이라도 내 아픈 생각을 잊을 수 있었다.

이곳에서도 죽을 고비를 많이 넘겼다. 한번은 감기에 걸려 가래를 뱉지 못해서 폐렴으로 발전해 죽을 뻔했다. 또 한 번은 소변 줄 교체를 위해 방광에 삽입한 폴리를 빼고 새 폴리를 삽입해야 하는데, 별의별 방법을 다 써도 들어가지 않았다. 의사 선생님은 빨리 큰 병원으로 가라 한다. 가다가 소변을 빼야 할 일이 생길 수도 있으니 폴리를 요도 쪽에 삽입 해 달라고 얘기했다. 간호사는 의사가 퇴근했다고 자기 마음대로 할 수 없다고 한다.

어쩔 수 없이 그대로 큰 병원 응급실에 도착했다. 나는 정황 설명을 했다. 응급이 아니라 복도에서 차례를 기다려야 했다. 소변을 너무 오래 참다 보니 머리가 터질 듯이 아팠다. 차례가 돼서 레지던트 분이 내게로 왔다. 지금은 담당 선생님이 없으니 내일 오시라고 했다.

다음 날 이런저런 검사를 받고 전문의를 만났다. 방광에 아주 큰 돌이 몇 개가 있으니 빨리 수술을 해서 꺼내야 한다고, 나는 레이저로 흉터를 최소화하는 수술을 제안했다. 여기에는 그런 장비가 없으니, 개복수술을 하는 수밖에 없다고 한다.

가끔 소변에서 피가 나고 아랫배가 칼로 찌르듯이 아플 때가 있었는데, 그 돌 때문에 그러는지는 꿈에도 몰랐다. 수술이 끝난 후 내 배는 세 군데나 흉측하게 생긴 상처가 생겼다.

원래 내 배는 보는 사람마다 이쁘다고 했었다.
내 배는 완전히 짝짝이 엉망진창이 됐다.

병원에서 퇴원하고 집에서 쉬어야 하는데 사는 원룸이 경매에 넘어갔다는 통보장이 와 있었다. 집주인이 부채를 갚지 못해 벌어진 일이었다. 세입자들은 경매 날짜에 맞추어 법원으로 갔다. 그전에도 여러 번 모여서 대책을 논의하곤 했었다. 다행히 보증금은 무사히 돌려받을 수 있었다. 경매에서 낙찰받은 주인이 보증금을 올려 달라고 했다. 그렇지 않으면 당장 집을 비우라고 했다.

세입자들을 보니 남는 사람도 있고 이사를 하는 사람들도 많았다. 어떻게 해야 할지 막막했다. 나는 그들에게 말했다. 우리가 불법으로 점유한 것도 아니고 우리도 피해자라고, 일주일간 시간을 더 달라고, 그들도 고민했다. 이건 우리 맘대로 결정할 수 있는 게 아니라고 본사에 연락해 보고 통보해 준다고 했다.

본사에서 전화가 왔다. 딱 일주일만이라고 각서도 썼다. 적당한 집을 못 구하면 집으로 다시 가야 했다. 다행히 적당한 집을 구해 이사하게 됐다. 그냥 사는 것도 힘든데 왜 이런 일이 자꾸 일어나는지 속상한 마음뿐이다.

어느 날 오후, 집 근방에 사는 형님한테서 자기 집으로 오라는 전화를 받고 그 집으로 갔다. 토도드라이브(전동휠체어)를 줄 테니 가져가라고 했다. 때마침 동력 보조 장치를 사려고 알아보고 있었던 때라 정말 고마웠다.

내겐 꼭 필요한 거였다. 마트나 가까운 곳을 산책하고 올 때마다 수동 휠체어를 미는 활동 보조 선생님을 보면 늘 미안한 마음이었고, 그래서 웬만하면 밖에 나가지 않았다.

사실 내가 사는 집은 언덕이 많은 곳이다. 선생님이 예전처럼 힘들게 휠체어를 밀지 않아도 되니 상상만 해도 기분이 좋았다. 그 후부터 나는 토도 드라이브를 타고 공원에도 가고 강바람을 맞으며 활동 범위를 점점 넓혀갔다.

코로나 19

   2019년 11월 중국 후베이성 무한시에서 처음으로 발병 발생하여 보고된 새로운 유형의 변종 코로나바이러스인 급성 호흡기 전염병이다. 그 후 3개월이 지난 후 한국에도 코로나 환자가 나타나기 시작했다.

   죄송하게도, 코로나19가 누군가에게는 많은 피해를 주었지만 내게는 기회를 가져다주었다. 거리에는 사람이 뜸했고 실내에는 많은 사람이 보이질 않았다. 모두 마스크를 썼고, 나도 모자와 마스크를 쓰고 한적한 거리도 다니고, 각종 매장에도 들어가고, 어디를 가도 사람도 없고, 아는 사람도 없고 정말 좋았다.

 어차피 밖으로 나온 거 이번에는 경강선 전철을 타고 서울까지 가 보고 싶었다. 처음에는 멀리 못가 이천에서 내려야 했다. 어지럽고 숨쉬기가 어려웠다. 도저히 더는 못 갈 거 같아 몸을 추스르고 집으로 돌아와야 했다. 두 번째 도전은 경기도 광주까지 갔다가 돌아왔다. 그래도 지난번보다는 많이 간 것 같다. 놀라운 발전이었다. 세 번째는 서울 양재동까지 가서 밥을 먹고 집으로 돌아왔다.

 얼마 만인가 승용차가 아닌 대중교통을 이용해서 다녀왔다는 것이, 누군가에게는 쉬울지 모르지만 내게는 힘든 도전이었다. 이번 일로 용기를 많이 얻은 듯싶다.

 다음에는 동생네 집에도 가 봐야 되겠다.

 모든 일이 처음엔 힘들고 어려웠지만, 자꾸 도전하다 보면 성취감도 생기고 바깥세상에 대한 두려움도 사라지는 것 같다.

 내일이 기대된다.

 비록 휠체어를 타고 어딘가를 간다는 게 남의 도움으로 이동하는 거지만 이 작은 자유, 이런 사소한 일에도 행복을 느낄 수 있다는 게 간절한 사람들이 느낄 수 있는 소망이라고나 할까?

 그 후에 뒤에서 보호자가 조정할 수 있는 전동휠체어를 구했었다.

구루마도 직접 제작해서 장착했다. 결국 조작 미숙으로 베란다 구석에 처박히긴 했지만, 마음속 깊이 눌려져 있던 바깥세상에 대한 동경은 누를 수가 없었다. 지난번에 토도드라이브를 주셨던 형님이 슬로프가 달린 차를 사셨다. 나도 타 보니 너무 편리하고 좋았다. 그분이 타던 레이(경차) 차를 사지 않겠냐고, 사실 승용차가 있었으나 태우고 내리기가 너무 불편했었다. 레이는 중간 프라임이 없고 양 문이 동시에 열리고 높이도 적당해서 타고 내리기가 승용차보다는 훨씬 편했다.

 그리고 얼마쯤 지났을 때 세상 밖으로 나오라고 하던 사무실에서 연락이 왔다. 사무실로 나오라고, 하루에 3시간 정도 일하는 복지 일자리가 있다며, 나오지 않겠냐고, 나는 선뜻 대답을 못 하고 생각해 보고 전화를 드린다고 했다.

 또 전화가 왔다.
 얼떨결에 대답했다.
 다음 날부터 일을 시작했다.
 작은 일이지만 진짜 세상 밖으로 나가는 도화선이 되었다.
 처음에는 낯설고 어색했다.
 나와 비슷한 분들도 눈에 띄었다.
 우린 서로 인사를 나누고 이야기도 했다.

 그렇게 이곳의 생활에 적응을 해갔다.

세상과 소통하기

너무나 오랜 시간을 허비한 것 같다. 얼마 전까지만 해도 아는 사람들을 피하거나, 다른 사람이 나를 알아볼까 전전긍긍 했는데 지금은 아는 사람을 만나도 예전처럼 피하거나 하지 않는 거 같다. 내가 그들한테 죄를 지은 것도 아닌데, 인사 정도와 간단한 대화 정도는 한다. 내가 생각해도 정말 많이 큰 거 같다.

척수 장애인의 경우 손상 정도에 따라서 세상으로 나오는 시간이 차이가 있다고 한다. 그래도 조금이라도 빨리 나오자. 누군가의 힘을 빌릴지라도, 힘들고 어려우면 누군가에게 도움을 청하면 된다.

누군가 도움의 손길을 뻗어오면 그 손을 잡아라. 나처럼 망설이며 외면하지 말고 나는 손가락 하나 꼼짝 못 하는 장애인이다. 호흡도 약해서 말하는 그것조차 너무 힘들다.

목소리가 제대로 나오지도 않고 작아서, 누구하고 이야기 하는 것도 힘이 든다. 그래도 머리는 움직일 수 있어서 다행이다.

지금은 헤드 컨트롤러가 장착된 휠체어를 타고 다닌다. 경제적인 부담이 되지만 삶의 질이 좋아진 것 같다. 스스로 가고 싶은 곳에 갈 수 있다는 것 나에게는 너무도 큰 행운인 거 같다.

처음엔 조작이 미숙해서 장애물이나 벽을 들이받아서 발가락이 골절되는 경우도 여러 번 있었다. 발가락이 골절돼도 그래도 좋았다. 내 자유의지대로 이동할 수 있다는 것이!

어느 날이었다. 휠체어가 움직이지 않았다. 배선이 빠진 거 같다. 빠진 그곳을 찾아보라고 해도 빠진 것이 없다고 한다. 환장하고 팔짝 뛰게 생겼다. 하루라는 긴 시간을 너무 갑갑하고, 똥 마려운 강아지처럼 전전긍긍 바퀴로나마 움직일 수 있는 게 얼마나 소중한 건지를 알게 된 하루였다. 휠체어는 컨트롤러 쪽 배선이 빠져 있었다고 한다.

다시 찾은 자유!!

사실 센터 나온 이유는 목표가 있어서였다. 경사로가 달린 차를 사기 위해서!, 가진 돈은 인도금으로 넣고 나머지는 월급으로 할부를 넣고 슬로프는 공단 프로그램으로 지원받으면 된다. 지금은 식당에 가도 차에서 먹지 않고 식당 안으로 들어가서 먹는다. 지금은 어디든 가고 싶은 곳이 있으면 어디든 간다.

왜 이제야 세상 밖으로 나왔는지 그동안 움츠리고 가둬두고 있던 세월이 얼마인데, 밖으로 나와 보라! 바깥세상에선 내게 뭐라 하지 않는다. 내가 나에게 뭐라 한 거지!, 하루빨리 세상으로 나오면 좋겠지만, 내 마음대로 되는 건 아니다.

주변에 먼저 다쳐서 장애를 입으신 분들이나 장애인 기관에서 활동하시는 분들과 교류를 하면서 각종 활동이나 교육과 정보를 듣는 것도 많은 도움이 될 것이다.

예를 들어 자기에게 맞는 운동이라든지 다양한 교육 프로그램 및 여행도 참 좋았던 것 같다. 처음에는 어색하고 낯설지만 자주 만나서 서로의 애로사항을 이야기하며 서로 정보 교환도 하고 하다 보면 서로 끈끈한 정도 생기고 동지애를 느낀다.

보통 척수 환자들을 만나면 하는 이야기 중에 3분의 1은 소변이나 똥 이야기가 차지한다. 일반 사람이 봤을 때 뭔 똥 이야기만 저렇게 하냐? 하지만 우리 장애인에게는 먹고 싸는 문제가 제일 중요한 문제다.

정상인도 먹으면 배설해야 한다.
쉬움과 어려움의 차이일 뿐, 한 예를 들어서일 뿐이다.

다시 찾은 삶의 의미

내가 좋아하는 가사 말이다.
힘들고 지칠 때는 이 노래를 중얼중얼 부르곤 한다.

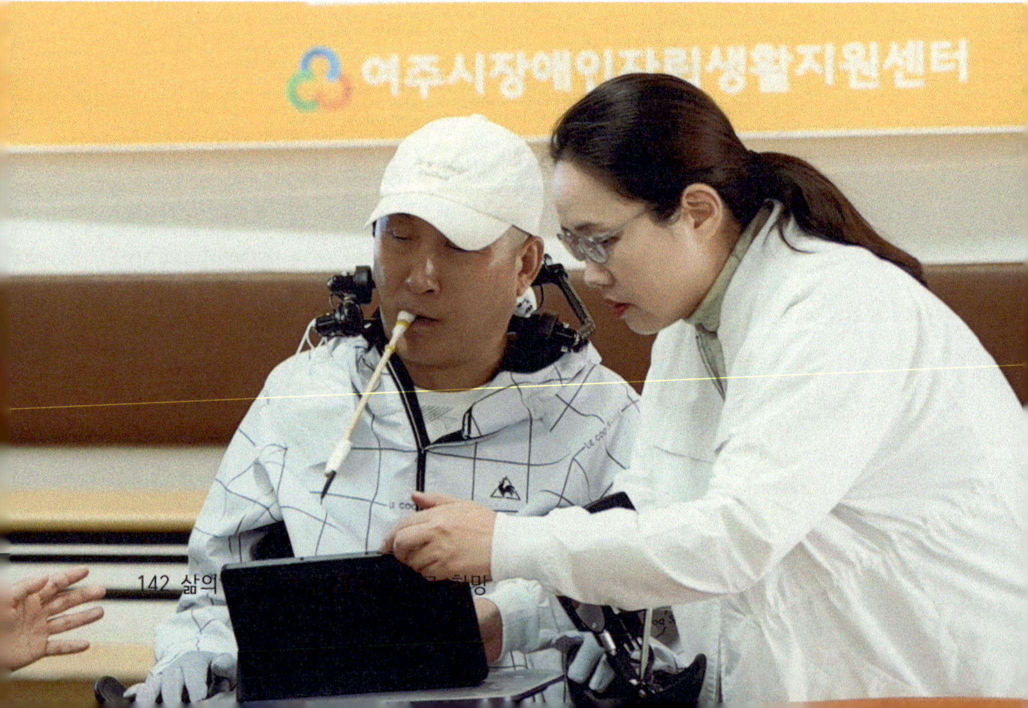

비상 임재범

누구나 한 번쯤은 자기만의 세계로
빠져들게 되는 순간이 있지
그렇지만 나는 제자리로 오지 못했어.
되돌아 나오는 길을 모르니
너무 많은 생각과 너무 많은 걱정에
온통 내 자신을 가둬두었지
이젠 이런 내 모습 나조차 불안해 보여
어디부터 시작할지 몰라서
나도 세상에 나가고 싶어
당당히 내 꿈들을 보여줘야 해
그토록 오랫동안 움츠렸던 날개
하늘로 더 넓게 펼쳐 보이며
날고 싶어
감당할 수 없어서 버려둔 그 모든 건
나를 기다리지 않고 떠났지
그렇게 많은 걸 잃었지만, 후회는 없어
그래서 더 멀리 갈 수 있다면
상처 받는것보단 혼자를 택한 거지
고독이 꼭 나쁜 것은 아니야.
외로움은 나에게 누구도 말하지 않을
소중한 걸 깨닫게 했으니까
이젠 세상에 나갈 수 있어
당당히 내 꿈을 보여 줄 거야
그토록 오랫동안 움츠렸던 날개
하늘로 더 넓게 펼쳐 보이며
다시 새롭게 시작할 거야
더 이상 아무것도 피하지 않아
이 세상 견뎌낼 그 힘이 돼줄 거야
힘겨웠던 방황은

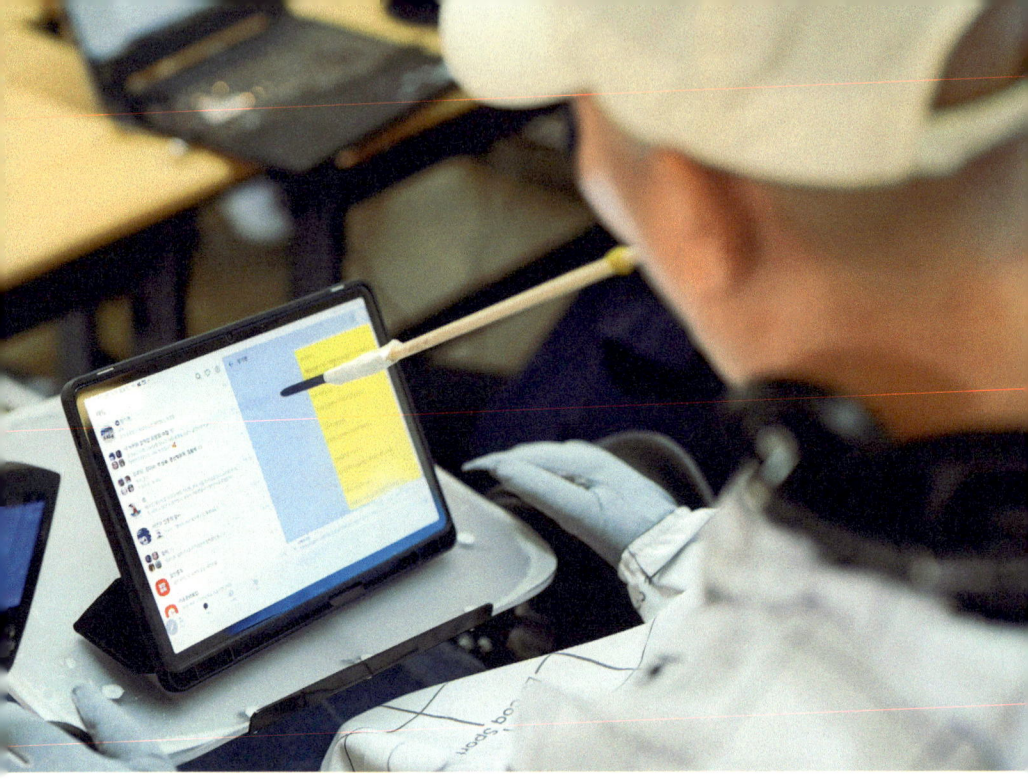

나의 지난 과거의 긴 이야기가 이 글에 응축된 것 같다. 서두에서 말했듯이 무엇이든 과감하게 맞서고 도전해 보길 바란다.

누구나 마음먹기에 따라서 달라지겠지만, 지금은 아주 작은 자유, 이 작은 움직임에 감사하며, 오늘에 충실하고 아직 오지 않은 내일을 미리 걱정할 필요는 없다.

나는 오늘도 나의 삶을 찾아 세상 속으로 달린다.

장애인에 대한 편견과 차별이 없는 세상,
함께 더불어 사는 세상을 향해 달린다.

마치며

누구나, 언제 어느 때 불의의 사고로 장애를 입을 수 있다. 하지만 장애를 인정하고 바깥 세상으로 나오는 과정에서 겪었던 시행착오에 대해서 이야기하려 했었다. 처음 쓰는 글이라 의도대로 썼는지 모르겠다.

글을 다 쓰고 나서 생각해 보니, 세상이 나를 가둔게 아니라 내가 나를 가둬두고 세상으로 못 나가게 견고한 담장을 쌓고 세상과 단절 시킨 것도 본인 자신이면서 아는 사람이 나를 알아보면 어떡하나? 내 모습을 보고 뭐라 하지 않을까?

이건 나만의 착각이다. 사람들은 처음에만 관심이 있지 세월이 지나면 무뎌지기 때문에 내가 생각하는 것처럼 신경을 안쓴다. 생각해 보라 우리가 장애인이 되기 전 그렇게 관심을 많이 가졌는지 대부분은 그렇지 않을 것이다.

마음먹기에 따라 일찍 나오고 늦게 나오겠지만, 안타까운 마음에서 이야기하는 것이다. 어차피 죽지 않으면 살아야 하니까 하루 빨리 나와서 적응하면 본인한테 좋은 거 아닌가? 매사에 긍정적인 사고방식으로 생활하다 보면 나도 모르는 사이에 굳게 닫힌 문이 활짝 열릴 거라 생각한다.

취미 생활도 하고 비슷한 처지에 있는 친구들을 만나서 서로 고민거리를 주고받고 그렇게 지내다보면 바깥 세상으로 나오는데 많은 도움이 될 거다. 내가 늦게 나와 겪었던 일이기 때문이다. 지금은 비가 오나 눈이 오나 내 몸이 아파도 매일매일 친구들을 만나기 위해 나간다. 나오지 못하는 상황이 된다면 갑갑해서 하루도 못 버티고 뛰쳐 나갈것 같다.

지금도 늦지 않았다.

아직도 망설이고 있는 분이 있다면 빨리 세상으로 나오길 바란다.

노동
Le coq sportif

Le coq sportif
coq Sportif

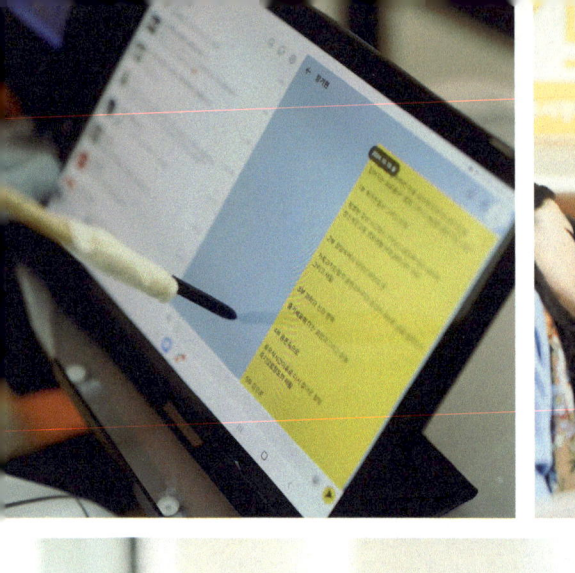

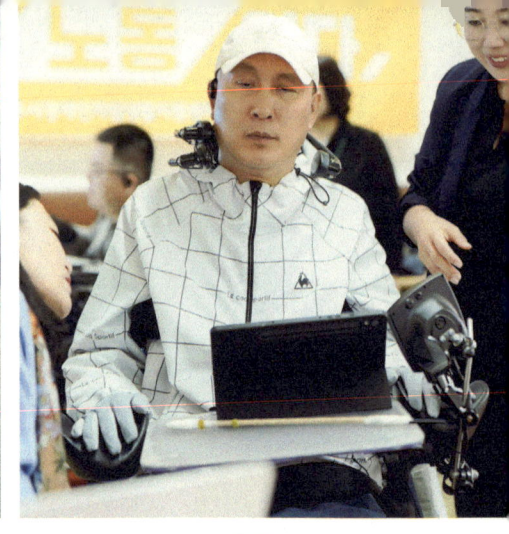

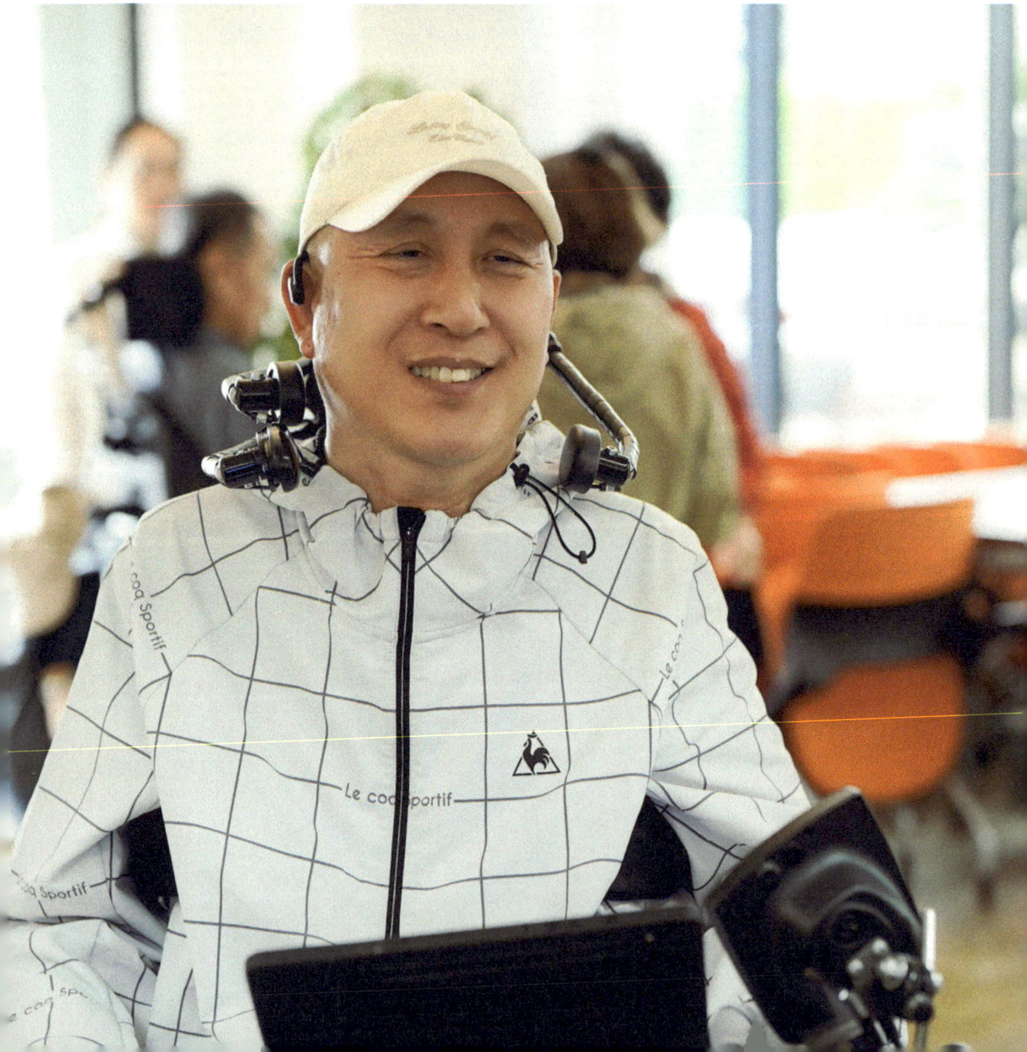

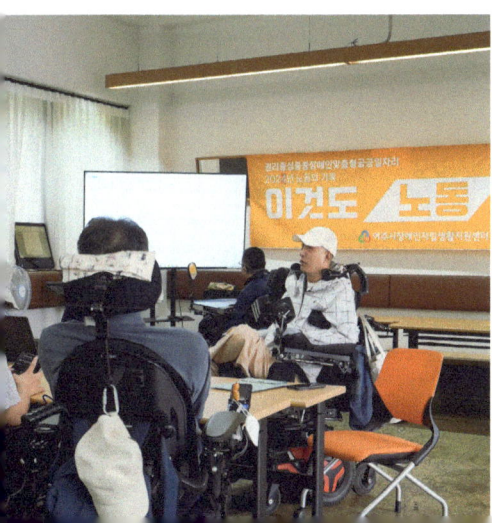

profile

황석우
010-9936-5898
swlove68@daum.net

- 1997년 3월 교통사고와 죽음의 고비 가운데 가해자의 누명을 쓰고 6년 반의 재판을 하였고, 대법원에서 최종 승소함.
- 노인병원에서 사회복지사와 평생교육사를 꿈꾸며 사이버대학에서 공부해서 2개의 자격증을 취득함.
- 일가친척 한 명 없는 여주에서 독립된 생활을 하고 있음.
  독립을 하면서 독서동아리 모임을 주도했음.
  문해교육반을 만들어 5~6년을 교육시킴. (여주시 문해교육사 3급 취득).
  - 장애인식개선 강사로 활동.
  여주시장애인자립생활센터에서 8년 정도 자조모임 리더로 활동함.
  여주시장애인자립생활센터에서 활동가로 활동 중.
  여주장애인복지관에서 장애인편의시설 점검단 소리향기 단원으로 10여년 째 활동 중.
  - 버림목장애인야학의 교장을 5년째 맡고 있음.
- 2023년 2월부터 11월까지 폐렴과 경직과 통증으로 제 2의 죽음을 경험함.
  - 시련 가운데 인내를 배우며 나만의 행복을 만들어 가고 있음

장애는 내 삶의 등불

"어떤 이는 어떻게 그 사람이 되어보지 않고 그를 이해할 수 있냐고 반문하기도 합니다. 저도 동의합니다.
그러나 그를 이해하기 위한 관심과 노력이 조금만 있다면 죽음 가운데 내몰리거나 고통에 처한 이를 살릴 수도 있고,
이 사회도 조금씩 변해갈 수 있음을 체험하며 살아가고 있다."
-역지사지(易地思之_인천 부평 세림병원 원목실)-

들어가며

예상치 못한 삶의 전환점

안정적인 삶으로 접어들던 시기에 결혼을 앞두고 행복한 꿈을 꾸던 어느 날 예상치 못한 교통사고로 경추 골절과 뇌좌상으로 사경을 헤맸고, 한 달여 만에 의식을 깨고 보니 손가락 하나 꼼짝 못하는 전신마비 장애인이 되어 있었다.

설상가상으로 하지도 않은 운전자(가해자)가 되어 자기 과실로 인한 일반 사고 처리로 감당하기 어려운 엄청난 병원비와의 싸움과 함께 기나긴 법정 다툼을 해야 하는 끔찍한 시간을 보내며 절망의 순간을 보내야만 했다.

6년 반 동안의 지루하고 고통스러웠던 법정 다툼의 시간 동안 매 순간 통곡해야 했고 밤마다 '너는 살인자야'라는 환청을 겪으며 지내야 했다. 대법원에서 최종 판결을 승소했지만, 가족들과의 불화로 전신마비의 몸으로 도망치듯 집에서 나와 몇 군데의 시설 같은 곳을 전전하다 일가친척 하나 없는 여주에 오게 된다. 노인병원에서 지내다 이젠 전신마비의 몸으로 홀로서기에 성공하여 독립된 삶을 살아가고 있다.

2023년 한 해 동안 폐렴, 경직과 통증으로 병원에 4번 입원을 하며 또 다른 고통의 시간을 보내야 했다. 사실 난 삶에 대한 미련은 없다.

내 삶은 당연히 내 것으로 생각하며 살아왔지만 내 것이 아님을 알게 되었고, 그저 그분이 부르는 날까지 담담히 살아갈 뿐이다.

유소년 성장기

유년기

  1968년 12월 서울 성동구 금호동에서 출생했으며, 그해 겨울은 엄청 추웠다. 외할머니가 첫 손주를 보기 위해 목포에서 올라오셔서 산비탈에 있는 집을 올라오는데 계단이 너무 미끄러워 엄청나게 고생하셨다고 했고, 방안도 얼마나 추운지 물이 얼 정도여서 어머니와 갓난쟁이였던 나의 건강이 많이 걱정스러웠다고 들었다.

내가 두 살 때쯤 우리 동네 어린아이들에게 이질과 설사가 돌았다. 나는 아메바성 균이 암수로 들어서 껍질밖에 남지 않은 상태였고, 동네 병원에서는 어떤 병인지 몰라 거의 죽은 상태였다고 한다. 그때 어머니가 나의 병에 대한 검사와 진료를 하는 병원을 알게 되어 거기서 치료를 받아 나왔고, 병원을 가지 않고 굿을 치료 수단으로 택한 동네 아이들은 모두 죽었다고 어머니한테 전해 들었다.

초등학교 입학 전에는 외할머니 밑에서 자랐는데 경찰이셨던 외할아버지가 빨치산 소탕에 나섰다가 총을 맞고 돌아가셨는데 당시에는 보훈 가족에게 지원되는 것이 거의 없어서 외할머니는 물장사와 보따리 장사를 해야 했다. 외할머니 집은 어시장의 상인들에게 판매하는 커다란 물당꼬(물탱크)가 있었다. 당시엔 수도시설이 잘되어 있지 않아서 시장 상인들은 물 한 동이에 얼마씩 바구니에 돈을 던져놓고 물지게에 지고 갔다.

초등학교 입학 전 아버지는 가끔 집 옆에 있던 동광 중, 고등학교로 아침 일찍 나를 데리고 가서 공도 차주고 집에서 기르던 큰 셰퍼드도 데리고 가서 놀았던 기억이 있다.

우리 집엔 전축이 있었는데 아버지는 국악과 옛 노래를 자주 틀어 놓았고, 공장형들은 일할 때 큰 건전지가 들어가는 라디오를 틀어 놓고 음악 방송이나 고교야구를 들으며 일을 했다. 그 영향인지 나도 집에 있으면 음악을 틀어 놓곤 한다.

소년기-1

 반면 아버지는 매우 엄해서 동생들한테 본이 되어야 한다며 큰 잘못이 없어도 기분에 따라 엄청 많이 때렸는데 가히 상상을 초월할 정도로 두들겨 맞았다. 가구 공장이었던 까닭에 각목(모서리를 모가 나게 깎은 나무)이 무지 많았는데 아버지 기분이 나쁠 때는 내 제삿날이었다. 각목이 부러지면 기분이 풀릴 때까지 또 다른 각목을 가지고 와서 흠씬 두들겨 팼고 때론 가죽 혁대로 때리기도 했다.

 그 당시 아버지는 공포의 대상 그 자체였고, 공장형들도 아버지가 뜨면 꼼짝을 못 하고 벌벌 기었다. 어머니는 자식 사랑이 많았지만, 아버지한테는 찍소리도 하지 못했고, 아버지한테 그렇게 맞고 있는 나를 보고도 한마디 말도 못 했다.

 아버지는 집에서는 호랑이였지만 잡기에 능해서 가구점 주인들에게는 인기 최고였다. 아버지는 한 춤, 꼽추 춤 등 춤도 잘 췄고, 북과 꽹과리, 장구를 치며 남도창까지 꽤 잘했다.

 언젠가 꼽추 춤을 추자, 동네 아줌마들이 배꼽을 잡고 눈물까지 흘리며 웃는 걸 보았다. 거기에 대금, 피리, 가야금, 하모니카 등 다양한 악기까지 잘 다뤘기에 흥을 내기엔 최고였다. 명절 땐 널뛰기도 했는데 거의 2층 높이까지 뛰었다. 이렇게 다양한 재주가 있어 동네에서 인기짱 이었고, 사람 좋기로 소문이 자자했다. 이제와 새삼 궁금한 게 그렇게 내성적이면서도 언제 그런 걸 배웠을까? 하는 생각이 든다.

소년기-2

나에게는 5.18의 기억이 특별하다.

초등학교 저학년 때는 '전우'와 '전투' 그리고 '수사반장'과 '113 수사본부'라는 드라마와 애니메이션이었던 '서부 소년 차돌이'를 보고 자랐다. 그래서 동네 아이들과 유달산 산등성이에서 전쟁놀이와 총싸움, 칼싸움을 자주 하였고, 그 영향으로 나의 꿈은 군인이나 경찰이 되는 것이었다.

그런 내게 '광주민주화운동'이란 사건은 내 삶의 가장 큰 전환점이 되었다. '광주민주화운동'은 내가 초등학교 6학년 때 일어난 사건이었는데 내가 살던 목포는 시민군들이 장악한 상태였다.

그들은 관공서를 약탈하고 시내버스와 소방차를 탈취하여 그걸 타고 다니면서 총을 들고 시위하기도 했다. 어떤 사람들은 그들에게 물과 먹을 것을 주며 끝까지 잘 싸우라고 했고, 어떤 이들은 빨갱이들이라고도 했다.

그 당시 나는 이게 군인들이 정권을 잡으려고 해서 벌어진 군사 쿠데타라고 듣긴 했었지만, 그런 것에는 별 관심도 없었고, 당시 시민군들이 불렀던 노래와 구호가 거의 45년 전 일임에도 내 귀에 생생하다.

그때는 시민군들이 광주방송국을 장악해 방화해서 정말 보고 싶었던 어린이 프로그램을 볼 수가 없던 것에 대한 원망 아닌 원망을 했던 철없는 아이였다.

 며칠 후인가 우리 동네 유0중학교 앞에서 시민군들이 몇 대의 버스와 소방차에 나눠타고 큰 함성을 지르며 몇 시간 동안 시위를 했고, '광주로 가자'라며 출발한 것을 보았다. 그 후 들은 얘기인데 그때 갔던 사람들이 나주 부근에서 군인들이 쏜 총에 맞아 모두 죽었다고 해서 큰 충격을 받았다. 그 당시 대충 짐작으로도 70여 명이 훨씬 넘는 사람들이 차를 나눠타고 출발한 것을 보았기 때문이기도 했고, 그 차에 내 또래 동네 친구도 타고 가다 죽었다고 들어서 굉장히 큰 충격을 받았다. 그 이후로 군인과 경찰을 경멸하게 된 충격적인 사건으로 내 삶에 큰 전환점이 된 사건이기도 하다.

청소년기와 청년기

청소년기

고등학교 때는 초등학교 같은 반 아이를 우연히 만났는데 그 애와 학교에서 좀 논다는 아이들과 자주 어울려 다녔고, 그 무렵 학교에 정나미가 떨어졌던 사건이 발생했다.

1학년 학기 초에 담임선생님이 가정방문을 오겠다고 했는데 아버지가 오지 말라고 했다. 약속 시간이 되어 창문으로 보니까 선생님은 우리 집 앞 코너에 있는 공중전화에서 전화로 '너희 집을 못 찾겠다고 하면서 네가 좀 나오라고 했다.'. 나는 '선생님 죄송한데 부모님이 싸우셔서 다음에 오셨으면 합니다'라고 둘러댔더니 그냥 갔다. 다음 날 학교에서 담임선생은 나에게 "내가 교사 생활 수십 년 했어도 너 같은 놈은 처음 본다"라고 황당해했고, 교무실에서 어떤 소문이 났는지 수업에 들어온 선생 중 몇 분은 "네가 걔냐?"라고 묻기도 했다.

 그때부터 학교도 집도 가기 싫은 곳이 되어버렸고, 친구들과 어울려 술과 담배를 자주 하게 되었다. 싸움도 자주 하게 되었지만 사고를 쳐도 항상 깨끗하게 정리했기에 부모님은 학교에 잘 다니고 있는 걸로 생각했다. 아버지는 해양전문대에 진학하길 바랬지만 나는 거기에 갈만한 실력도 안 됐고, 빨리 졸업해서 집에서 탈출하는 것이 그때 당시 인생 목표였다.

 거기에 더해 학교생활이 지겨웠던 것은 책을 보다가도, 밖에 있다가 실내에 들어오면 한참 동안 앞이 잘 보이지 않다 보니 책을 멀리하게 되었고, 학교생활은 더더욱 지옥처럼 느껴졌다. 평소에 졸업하면 금은세공이나 항공 기술자가 되어야겠다고 생각했고, 어떻게든 불쌍한 우리 어머니와 동생들을 돌보는 거였지만 이런 상태로 과연 내가 제대로 된 사회생활을 할 수 있을까? 하는 의문도 많이 들었다.

 그런 와중에도 고등학교 3학년 때 담임선생이었던 정O 모 선생은 엄청나게 나를 사랑으로 감싸주었고, 많은 조언도 해주었다. 지금도 정말 한번 찾아뵙고 싶은데 이런 모습으로 나서기도 그렇고 누군가의 도움 없이는 만나 뵐 수 없기에 항상 죄송한 마음으로 살아가고 있다.

청년기-1

　전주 이모부의 권유로 제과 학교라는 곳에 가게 됐는데 많은 선후배와 친구들을 만나게 되었고 악연을 가진 친구도 만나게 되었다.

　또한, 88 올림픽 자원봉사자로 선수촌에 나가게 되어, 또 다른 경험을 하게 되었고, 이 일을 계기로 제빵업계에서 일하게 되었다.

　제과 학교를 졸업하고, 바로 훈련소에 입소하여 18개월의 시간을 보내게 되었는데 군에서는 자대배치를 본부대대 장교식당으로 보냈다.

　난 속으로 '음식 한번 만들어 보지 못한 나를 도대체 왜 이곳으로 보냈나?' 하고 생각했고 그러던 중 내가 제빵사 자격증이 있어 이곳으로 오게 된 것을 알게 되었다.

　그곳에서 근무한 것을 계기로 칼질도 배우고 음식 만드는 법도 배우게 되었다. 당시 나는 주방 일은 여자들이나 하는 것이라고 생각을 해 왔기에 이런 일을 하는 내가 참 한심스럽다고 생각했다.

　또한, 그곳에서 고참들의 군복을 다림질하여 각을 잡는 법도 배우고, 군화도 물광과 불광을 내는 법을 배워야 했다. 그런데 훗날 자취생활을 하면서 내 옷도 다리고, 구두도 깨끗하게 신고 다닐 수 있어 너무도 좋았다.

또한, 집에 가는 길목에 시장이 있어서 먹고 싶은 것을 사다가 만들어 먹을 수 있으니, 돈도 절약하고 얼마나 자취생활을 용이하게 했는지 모른다. 이때의 경험으로 남자도 음식 만드는 법을 배워야 한다고 생각하게 되었고, 결혼하면 가사 분담 차원에서 최고란 생각도 했다.

훈련소와 장교식당 동기들 너무도 보고 싶다. 최민석, 김영일, 재영이, 복규, 김혁, 부관부 동기….

청년기-2

18개월을 마치자마자 천안 고0당에서 근무하던 친구가 불러 다음 날부터 근무했고, 박봉 빼곤 좋은 추억들이 많았다.

제주도에서 형님이 중문의 H 호텔에 자리가 생겼으니 오라고 해서 그곳으로 가게 됐다. 형님을 만났는데 제과부를 사퇴하려던 사람이 말을 번복해 다시 근무하게 되었다며 서귀포에 있는 P 호텔에 가 있다가 자리가 나면 다시 부르겠다고 해서 서귀포로 가게 됐다.

월급은 천안보다 거의 두 배였지만 동생들이 공부하고 있었고 생활비를 보내야 하는 상황이라 최소한의 생활비만 남기고 모두 집으로 보냈음에도 집안 형편은 매우 어려운 상황이었다. 그래서 퇴근하면 주로 라면으로 때워야 했다.

난 오후 4시면 일이 끝났지만, 저녁을 먹기 위해 퇴근하지 않았고, 노느니 다음 근무자인 선배의 일을 해주었다. 그런데 선배는 자기 일을 당연하다는 듯 내게 맡겨 버리는 무책임한 행동을 수시로 했고, 낚시나 중문 S호텔로 볼링하러 다니기도 했다.

이런 선배의 일탈에 짜증이 나던 차에 집으로 돈을 더 보내야 하는 상황 때문에 많이 고민했고, 나를 제주도로 부른 형님과 상의 끝에 다시 육지로 나오게 됐다.

훗날 사고로 내가 전신마비 장애인이 되었다는 소식을 들은 제주도 형님은 가끔 '그때 너를 우리 호텔로 데려왔었더라면 지금도 함께 제과인으로 활동하고 있었을 것'이라며 안타까워한다.

물론, 제과 학교에서 알게 된 최악의 친구 녀석도 있었지만 그래도 감사한게 제과 학교에서 인연을 맺었던 선후배와 동기들이 지금까지 연락도 하고, 오늘도(2024년 10월 22일) 먼 곳에서 친구와 형님이 와서 즐거운 얘기도 하고 일부러 동네 맛집의 음식과 빵을 사 오는 일상이 내게는 기적과도 같고 내 삶에 큰 동기부여가 된다.

형편없는 나락으로 떨어져 버린 보잘것없는 나란 존재를 27년이 지난 지금까지도 잊지 않고 연락만 해줘도 감사한데 일부러 찾아와 주는 고향 친구들과 사회 친구들 그리고 선후배들이 있음에 항상 감사한 마음이다.

사고 전 나의 일상

1996년 12월 31일 친구들과 마지막 여행

 친구들 그리고 후배들과 함께 1997년 새해를 양지에 있는 스키장에서 보내기로 하고, 내가 준비한 봉고차를 운전하고 당시 사귀던 여자 친구도 데리고 갔다. 12월 마지막 날 오후 늦게 출발하여 수원의 후배 집에 모이기로 했는데, 새벽에 도착하니 비가 내리고 있었다. 비도 오고 친구의 아이들이 어려서 송파의 L월드로 가게 됐다. 그게 사고 2달 전이었다.

중고차 매매상에 전도하러 온 교인

 내가 근무하던 중고차 매매 상사는 목포 옆에 있는 무안군 삼향면에 있었는데, 원래 공업사와 운전면허 시험장이었던 곳으로 부지가 상당히 커서 신규로 조성된 대규모 단지였다. 이곳으로 1996년 여름에 상사 대표였던 외삼촌과 오게 되었는데, 여러 상사가 모여들었다.

 어느 날, 진입로 입구에 앉아 담배를 피우고 있는데 교회에서 전도하려 한 여자가 왔다. 그녀는 내 옆에 앉더니 하나님이 어쩌고저쩌고하며 내게 전도하길래 "참 할 일도 없나 보네. 그게 그렇게 좋으면 당신이나 믿고 천국 가. 왜? 이런 델 와서 시끄럽게 하냐?"며 잔뜩 핀잔을 주며 그녀의 얼굴에 담배 연기를 훅 뿜어대며 "다신 여기 오지 마"라고 쫓아냈다. 그 당시 난 그렇게 교만했다.

우연히 학창 시절 목사님과 만남

 어느 날 매매 상사에 학창 시절 내가 다녔던 교회의 목사님이 우리 매장에 자신의 차를 팔러 왔다가 우연히 나를 보고선 "석우야 이젠 교회에 나와야지" 해서 "네"하고 짧게 답한 적이 있다. 목사님은 사고 이후에도 서울이나 인천 쪽에 오면 가끔 전철을 타고 우리 집에 와서 봉투만 슬쩍 쥐여주고, 기도한 후 갔다.

 이 목사님 교회에는 개척교회 당시부터 아버지와 외할머니가 다녔기에 목사님이 나를 잘 알고 있었으며, 정말 사랑이 많고 인격적으로도 훌륭하셨기에 존경하는 마음은 어릴 적에도 있었다. 목사님은 우리 아버지와 동년배였고, 훗날 돌아가신 시기도 비슷해서 돌아가신 한참 후에야 인터넷으로 소식을 접하고 마음이 많이 아팠던 기억이 있다.

1997년 3월 9일 상견례

상견례 날은 일요일로 양가 부모님과 형제 몇 명만 모여 점심을 먹었다. 서로 간에 얘기가 된 상태였기에 3월 말경으로 결혼 날짜를 확인하고, 간단히 식사를 한 후 마쳤다. 식사 후 우리 부모님과 동생, 여자 친구는 개나리가 흐드러지게 핀 유달산에 올라갔는데 날이 너무 쾌청해서 한참 동안 바람을 쐬며 놀다가 저녁을 먹고 어머니만 집에 내려다 주었다.

그리고, 집 근처 당구장으로 친구를 불러 아버지랑 10시쯤까지 놀다 나왔는데 여자 친구를 오빠네 집에 데려다주러 가는 길에 비가 추적추적 내리기 시작했다. 오빠 집에 잠깐 들렸다가 집으로 돌아오는 내내 비는 그치지 않았고, 다음 날에도 부슬부슬 내렸는데, 그 비가 내 인생을 송두리째 바꿔 놓을 줄은 상상도 못 했다.

사고 당일-1

상견례 다음 날인 3월 10일(월요일) 오후 3시까지 광주 친구가 포터(1t 트럭)를 가지고 오기로 했고, 옆 사무실에 갔더니 탕수육을 먹고 있길래 몇 점 얻어먹었다. 그날 우리는 별생각이 없어 점심도 먹지 않았고, 오늘 일을 일찍 마치고 누나(그 친구는 내 여자 친구를 아직 결혼 전이라 누나라고 불렀다)를 불러서 같이 중국요리나 시켜 먹자고 했다. 그 약속을 그 친구(운전자였던 강00)와 영원히 지키지 못해 많이 아쉽다.

사고 당일-2

 사고 당일 비가 와서 광주 친구에게 늦어도 3시까지 도착하라고 얘기했고, '알았다'란 답도 받았기에 차분하게 기다리고 있었다. 오후 3시 반이 넘어도 오질 않아 계속 전화하게 되었고 이때부터 초조해지기 시작했다. 자꾸 밖에 나가 보게 되었고 4시가 다 되어서야 차가 도착했다.

 일단 사무실 서류를 챙기고, 친구 차에 타서 빨리 가자고 했는데 외삼촌이 차 가격을 조금만 빼달라고 친구에게 얘기해서 '삼촌 얘기한 대로 다 됐으니 차량 등록하고 와서 얘기하자'라고 하며, 친구에게 '지금 시간 없으니까 빨리 가자'라고 했다. 그랬더니 외삼촌은 '화물차 타고 언제 시청까지 가려고 하냐?'며 경리였던 자기 딸에게 방송으로 강00을 불러 승용차를 가져오라고 했다.

 그날 경리는 친딸이었던 유0영이었고, 사무실에 온 지 얼마 안 돼 서류 자체를 알지 못했기에 내가 서류를 챙겨야 하는 상황이었다. 유0영은 아버지 유0남의 지시로 강00을 불렀고, 그런 와중에 강00이 스쿠프를 가져온 것이다. 나는 지금까지도 사고 상황을 전혀 기억하지 못한다. 사고 상황은 나중에 법원에서 목격자 진술한 광주에 살던 서00의 얘기를 듣고서야 알게 됐다.

교통사고 상황과 목포 병원에서

교통사고 사고 직후

 사고 차량은 스쿠프, 양 문이 2개인 스포츠 차량으로 삼향면사무소까지는 차로 5분 정도의 가까운 거리였고, 서류 확인만 하고 면사무소에서 등본만 떼면 내가 운전하려 했기에 둘 다 안전띠를 하지 않았다. 훗날 고향 친구가 내게 '평소 그렇게 벨트를 잘 매던 네가 왜 벨트를 하지 않았을까?'라고 물었던 기억이 있다. 사고는 순간이고 잠깐의 방심이 현재의 나를 만들었기에 지금도 후회는 되지만 이미 엎질러진 물이 되었으니 체념하고 살 뿐이다.

목격자인 서0진은 사고 정황을 이렇게 말했다. 검문소 앞에 차들이 많이 정체되어 있었는데 과속하던 우리 차가 급브레이크를 밟았고, 비가 부슬부슬 오는 날이라 팽이처럼 뱅뱅 돌아 반대편 차선으로 넘어갔다고 한다. 때마침 그쪽에서 오던 승용차가 스쿠프 운전석 후미를 쳤고 양 문이 열리면서 두 사람 모두 차 밖으로 튕겨 나갔다고 했다.

나는 차 밖으로 떨어지면서 머리를 다쳐 뇌좌상(뇌에 피가 고임)으로 코마 상태였고, 약 한 달간 의식을 잃었다.

의식을 잃은 한 달여간 나는 사경을 헤맸는데, 호흡하지 못해 목에 기도를 뚫고 수시로 가래를 뽑아야 해서 썩션을 했다고 한다. 경추 3~5번 골절로 중추신경이 손상되어 전신마비 상태였고, 골절된 목뼈를 고정해야 해서 양쪽 귀 위를 뚫고 추를 고정했다고 한다.

심지어 산소포화도가 기준 이하로 떨어져 사망상태였고 의사는 살아있는 게 신기하다고 했다고도 한다. 어느 순간은 호흡하지 못하더니 입술이 파래지고 가슴이 땅 꺼지듯 푹 꺼져 사망상태라 휜 천을 씌우고 옮기는 과정에 다시 숨을 쉬었다고 어머니가 말해 주면서 "네가 원체, 건강해서 이렇게 살아있나 보다"라고 했다.

의식이 깬 상태여서도 호흡을 하지 못해 기도를 다시 뚫었다. 썩션은 호흡을 막는 가래를 빼는 것인데 기도 안의 생살을 흡입기가 같이 빨면서 엄청난 고통을 수반하는 것을 이때 경험했기에 나는 절대 연명치료를 하지 말라고 한다.

환자 운반의 문제

 사고 직후 운반 과정부터 매우 잘못되었는데 당시 내 몸무게는 89kg 정도였다. 지나가던 택시 기사의 말이 두 사람이 도로에 누워있어서 주위에 몇 사람과 택시 뒷좌석에 싣는데 내가 몸을 놓은 상태라 너무 무겁고 잘 안 들어가 구겨 넣다시피 해서 겨우 실었다고 말했다.

 연락을 받고 온 부모님의 지인도 응급실에 도착해서 보니 내가 목이 너무 아프다며 목을 손으로 부여잡았다고 한다. 그런데, 'X레이를 찍네, CT를 찍네' 하며 데리고 다닌 후부터는 전혀 움직이지 않더라는 얘기를 듣고 정말 통곡하고 싶었다.

 사고 충격으로 한 번, 땅으로 떨어지며 두 번, 택시에 구겨 넣어지며 세 번, 병원에서조차도 부목을 하지 않고 촬영한다고 끌고 다니며 네 번….

 그 어느 순간 한 번이라도 목을 고정해 주었더라면 이 모양이 되진 않았을 텐데….

 '만약 그 순간에 의식만 있었다면 나를 못 만지게 했을 텐데'라는 생각에 나 자신에게 너무 화가 나고 '그냥 사고 순간에 죽었어야 했는데'라는 생각을 했다. 지금도 그런 생각을 많이 한다. 그 사고로 전신마비 장애인이 된 내 삶은 가장 처참한 바닥으로 처박혀 버렸다.

해괴한 일들

 그렇게 의식을 잃은 한 달여의 기간 동안 해괴한 일들이 벌어졌다. 매매 상사의 대표였던 외삼촌 유0남은 어머니에게 "내가 사고 수습을 할 테니까 누나는 석우 돌보는 일에만 신경 써라"라고 했다고 한다.

 위 사건은 한 명이 사망을 한 것으로 상사 대표였던 유0남은 사고 얼마 후 상사를 폐업했는데 운전자는 무면허였고, 사고 차량은 무보험인 데다 매매 상사의 판매 차량이었기에 원래는 타고 다니면 안 되는 차였다.

 그래서 그는 나를 운전자로 만들어 놓고 부모님과 외할머니에게 '사망한 운전자가 무면허에 무보험 사고이니 석우가 운전했다고 해야 석우가 들어 놓은 보험을 탈 수 있다며 자기가 정리할 테니까 아무에게도 말하지 마라'고 했단다. 행여라도 자기에게 조금의 손해라도 갈까? 하고, 가족 모두를 속여가며 입단속을 시키는 치밀함을 보인 것이다.

 얼마 후 유0남은 병원비에 보태라고 어머니에게 주었던 돈을 다시 주라고 했단다. 그리고, 경찰을 데리고 왔고, 경찰은 내가 운전했다는 조서를 써 와서 아버지가 내 손을 붙들어 지장을 받아 갔다고 한다.

 나는 그 당시 뇌에 피가 고여 의식을 잃은 코마 상태였다.

이해할 수 없는 목포 00 병원-1

 병원 의사는 많이 살아봤자 6개월이고 혹시 오래 살아도 1년은 절대 못 넘긴다고 했다고 한다.

 그런 상황이었기에 조서와 목격자 진술을 엄청나게 허술하게 했음에도 법정 다툼은 내가 이길 수 없는 상황이었다.

 병원 측도 이해하기 힘든 것은 간호사가 수은이 든 체온계를 의식 없는 내 입에 넣었는데 그걸 내가 씹어버렸다고 한다. 옆에 있던 여자 친구가 놀라서 내 입을 벌렸는데 손에 끼고 있던 금반지에 수은이 달라붙으며 얼마간의 수은과 유리를 빼낼 수 있었다고 한다.

 서울의 병원으로 옮겨 온 후 '내 반지는 어디에 있냐?'고 내가 묻자 여자 친구는 그런 상황을 얘기해 주면서 내 손에 있던 반지를 자기가 끼고 있다고 했다.

이해할 수 없는 목포 00 병원-2

 의식이 깬 상태에서도 몸이 마비되니까 소변을 눌 수가 없어 요도에 고무 튜브를 삽입해서 소변을 뺐는데 어느 날 남자 간호사인지 간호조무사인지 모르겠지만 고무 튜브를 놓쳐 병원 침대에 떨어뜨리고는 그걸 다시 주워서 요도에 삽입해서 소변을 빼고 갔다.

문제는 얼마 후 몸에 고열이 나면서 오한이 오는 것이었다. 방광에 염증이 생긴 것이다. 담요를 몇 겹으로 덮어썼는데도 너무너무 추웠고, 발열이 너무 심하니까 잇몸이 들뜨면서 밥알조차도 씹을 수가 없었다. 그 좋았던 이빨과 잇몸이 27년이 지난 지금도 좋지 못하다.

지금 같으면 난리가 났을 상황이지만 병원 측은 무신경했고, 방광염증 하나 잡질 못해 몇 날 며칠을 오한과 고열로 엄청난 고통 속에 지내야 했다.

이때부터 병원비와의 전쟁이 시작되는 시기라 항의조차 못 하는 상황이었다.

응급실에서 친구의 전화를 받고 통곡한 동생

막냇동생은 국비 지원이 됐던 인천 기능대학(현, 폴리텍대학)에서 금형 기술을 배웠고, 내 말이라면 죽는시늉까지 할 정도로 착하고 말을 잘 듣던 동생이었다. 내 사고로 자신의 인생이 꼬여버려서 참으로 미안한 마음인데 어머니와 함께 병원에서 15개월 동안 내 간병을 도왔다.

그런 동생이 어느 순간부터는 내 말을 들으려 하지 않고, 그 순하던 동생이 신경질적으로 변해버렸고, 모든 것이 내 탓 같아 마음이 참 많이 아프다.

광주에 살던 다른 친구였던 김O성이 3월경에 결혼할 거란 얘기를 나에게 들었는데 아무 연락이 없자 내 휴대전화로 전화했다고 한다. 그런데 내가 전화를 받지 않고 동생이 전화를 받아 얘기는 하지 않고 펑펑 울기만 해서 "야. 뭔일인데"라고 묻자, 동생이 울먹이며 "형. 우리 형 죽게 생겼어요"라고 했다고 한다. 얼마나 큰 소리로 구슬프게 우는지 친구는 자신도 한동안 아무 말도 못 했고, 다급하게 병원으로 왔었다고 한다. 이 얘기는 사고 십여 년이 지난 후 "혹시나 석우 네 마음이 다칠까 봐 말을 안 했던 거야. 동생한테 잘해라"라고 했다.

산업체에서 번 돈을 병원비로

사고 당시 동생은 군대에 가지 않고 기술직으로 산업체에서 근무했는데 근무 기간이 거의 끝나가는 시기였다. 나는 가끔 동생네 사업체에 찾아가기도 했고, 때론 퇴근 시간에 맞춰 동생을 데리러 가기도 해서 업체 사람들과 안면은 있었다.

그렇게 모은 1,700만 원을 내 병원비로 사용했던 착한 동생이었다. 1997년 당시에 그 돈이면 꽤 큰 금액이었고, 나는 이러한 사실도 모르고 있다가 퇴원하고 한참 지난 어느 날 법정 다툼이 한창이었던 시기에 어머니가 말을 해주어 알았다. 그러나 나는 아무것도 해줄 수 없었다.

동생은 내가 바람을 쐬고 싶거나 교회에 갈 때면 수동 휠체어에 나를 태워 동네 한 바퀴를 돌면서 이런저런 얘기를 나누곤 했다.

그 얘기를 어머니에게 전해 들었기에 "왜 그랬냐?"고 내가 묻자 "형은 그런 거 신경 쓰지 마"라고 했다.

그래서 "내가 만약 승소해서 내 보험금을 받게 되면 내가 3천만 원을 주마. 그런데, 패소하면 그냥 그 돈 날렸다고 생각해라"라고 얘기를 했고, 훗날 나는 그 약속을 지킬 수 있었다.

의식이 깬 후 목포 00 병원에서의 상황-1

의식이 깬 후 나는 거식증이 생겼고, 밥과 음식 냄새가 나면 구토증이 나서 동생이 침대형 휠체어에 눕혀 병원 한쪽에 데려다주면 혼자 누워있었다. 식사가 끝나고 환기를 시킨 후에야 병실에 들어가곤 했다.

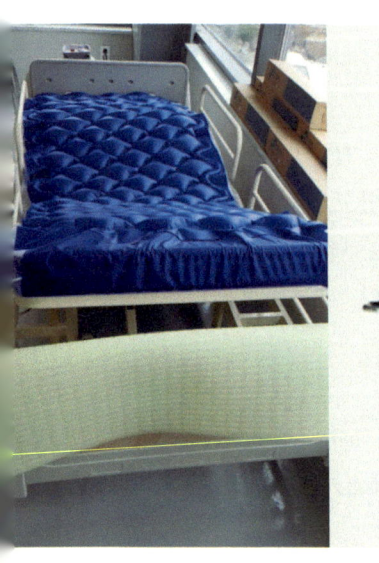
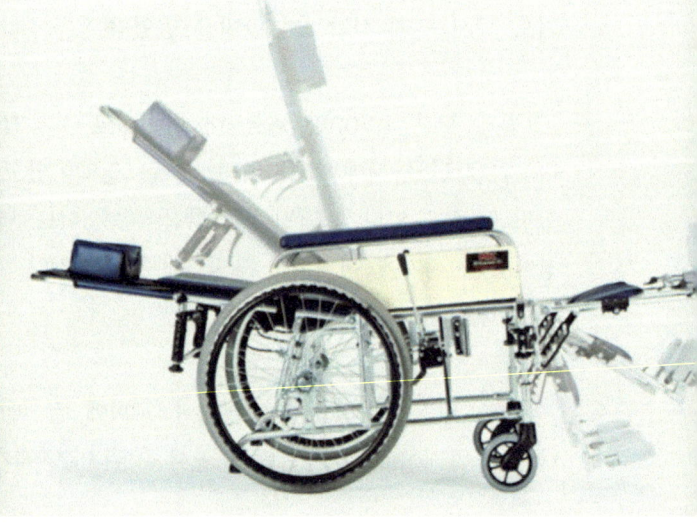

내가 침대형 휠체어를 탈 수밖에 없던 이유는 기립성저혈압(앉게 되면 피가 다리 쪽으로 쏠리면서 그 피가 머리 쪽으로 올라오는 속도가 매우 느려 눈알이 돌고 흰자만 보이면서 기절하는 증상) 때문이었다. 지금까지도 그 증상이 남아있어 침대에 누워있다 일어나면 잠깐은 얼굴을 숙인 상태로 있어야 한다.

참고로 이 증상은 경수 손상(목뼈 골절로 인한 척수신경 손상)인 사람들은 대부분 겪는 현상이다. 지금도 나는 혼자 앉아 있지 못하다 보니 병원 환자용 침대를 사용해야 하고, 욕창 방지용 매트리스를 깔아야만 한다.

의식이 깬 후 목포 OO 병원에서의 상황-2

한 달여 만에 눈을 뜨니 푹 자고 일어난 것처럼 의식이 명료했는데 딱 병원 같은 느낌이었다. 목도 잘 돌아가지 않고 팔을 아무리 움직여보려 해도 꼼짝하지를 않아서 '뭐야 팔을 묶어 놨나?'라고 생각을 했는데 그것도 아닌 것 같은 이상한 느낌이었다.

병원에서는 중추신경 손상으로 침대 생활을 해야 하고, 살아도 얼마 살지는 못할 것이라고 했다고 한다. 전신마비 상태로 침대에서만 살아야 할 것이란 얘기를 전해 들은 내가 '웃기고 있네. 실력이 없으니 그런 소릴 하는 거지'라고만 생각했다.

병원에서의 황당한 실수 때문에 생고생했던 터라 목포 OO 병원에 대한 믿음이 없었다. 그리고, 서울에 가면 나을 것이라고만 생각했다. 의사는 뇌에 고인 피는 약물로 씻겨 내려갔다고 했고, 아마도 피가 계속 고여있었다면 식물인간 상태로 살다 죽었을 것이라고도 했다.

경찰이 조서를 꾸며 와, 내 지장을 받아 간 사실을 알게 되었고, 강OO과 나누었던 꿈이 너무도 선명한 것 빼고는 아무것도 기억나지 않았다. 문제는 시간이 흐르면서 사고 전의 상황들이 조금씩 기억이 나는 것이었다. 그런데, 그 기억이 맞는지 틀리는지도 잘 몰랐다.

시간이 지난 어느 날 병실에 외할머니가 옆에 있었는데 "할머니. 내가 운전 안 했는데"라고 얘기하자 외할머니가 내 입을 틀어막으며 "삼촌이 그러는데 걔는 운전면허증이 없고 차도 보험이 들지 않아서 면허증이 있는 네가 운전했다고 해야 네가 들어둔 보험금을 찾을 수 있고 그래야만 병원비라도 낼 수 있으니까 절대 입조심해야 한다"라고 내게 몇 번이나 당부했다.

의식이 깬 후 목포 OO 병원에서의 상황-3

어머니에게 "할머니가 이런 말을 하던데 뭔 소리요?"라고 물었더니 어머니도 외할머니와 똑같이 말했다. 나는 너무 황당해서 외삼촌이 오기만을 기다렸다.

얼마나 지난 어느 날 병실에 유O남이 왔고, 어머니가 병실 입구에서 "석우가 자기가 운전 안 했다고 하는데 어쩌면 좋겠냐?"라고 하자 유O남은 자신의 핸드폰으로 자기 누나인 어머니의 턱을 툭툭 치며 "허허 이 여자 보소. 내가 뭘 알아. 이 여자 큰일 날 여자네. 다시는 여기 온가 봐라."라고 했고, 그걸 병실에 들어오던 동생이 보고 그자를 발로 차버렸다.

 동생은 이미 이성을 잃은 상태로 "이 새끼. 죽여버린다."라며 배선실에 칼을 찾으러 들어갔고, 그 사이 그자(외삼촌이란 소리가 안 나온다)는 도망을 가 버렸다. 그자는 1심 재판 판결 때와 외할머니 팔순 잔치 때 보았지만, 우리를 피했고, 그자와 처, 딸은 지금도 사죄나 반성도 하지 않는 자들이다. 어머니와 우리 가족은 그들을 인간으로 여기지 않는다.

 이 일이 있고 난 뒤 외할머니가 병원에 왔길래 아들인 유O남의 소행을 얘기했고, 외할머니에게 "만약에 재판으로 가면 본대로 얘기해 줄 수 있소?"라고 묻자, 외할머니는 "오메. 그 나쁜 놈. 하기만 해라. 본 그대로 다 얘기해 불란다."라고 했다.

 그 후 서울 병원에 옮겨 온 후 내가 외할머니와 큰삼촌과 통화한 것을 녹음해 법정에 녹취록으로 제출했다.

 훗날 법원에서 외할머니와 큰삼촌을 불렀지만, 그들은 오지 않았고, 큰삼촌은 녹음한 것에 대해 매우 불쾌해했다고 한다.

 난 내 억울함을 풀어야 했기에 그런 방법이라도 써야 할 정도로 다급했다.

의식이 깬 후 목포 OO 병원에서의 상황-4

 목포에서부터 병원비와의 전쟁이 시작되었다.

 내가 운전자가 되어 있기에 자기 과실로 인해 보험 적용이 안 되기 때문이라고 들었다.

 이런 연유 때문에 난 너무 억울하기도 했고, 병원에서 말한 것처럼 어차피 얼마 살지도 못할 것 누명을 쓰고 죽고 싶지 않았기에 내가 목숨을 걸다시피 재판에 집착했던 것 같다.

 이런 와중에 서울에 있던 친구 장OO은 동생에게 MRI 사진을 보내라고 했다고 한다.

 몇 군데 대형 병원 모두에서

 '평생 걸을 수 없다.'

 라는 이야기를 해 큰 충격을 받았고, 병원에 올 때마다 자신이 못 걷는 내 앞에서 걷는 게 무척 죄스러워 병원에 찾아오는 게 너무 힘들었다고 훗날 내게 말했다.

서울의 병원으로

재활치료를 위해

 같은 병실에 있던 환자의 인척이 우리 같은 척수손상 환자는 재활치료를 잘 받아야 한다고 해서 아는 분의 도움으로 신촌의 대학병원으로 가게 됐다. 그곳에서 충격적 경험을 하게 되는데 척수손상인 사람들이 물리치료실에 가득했으며, 어떤 분은 사고 난 지 5년이 넘었다고 해서 내가 기겁을 했다. 저런 몸으로 어떻게 5년 넘게 살았지 그럼 난 이런 모습으로 살아갈 자신이 없는데….

그곳에서도 내가 제일 중증이라 나는 동생하고만 다녔고 어머니는 병실에서 쉬고 있으라고 했다. 혹시라도 어머니가 충격을 받을까 봐. 이때도 나는 침대형 휠체어에 누워 이동했고, 물리치료사였던 이O우란 분은 최선을 다해 치료를 도와주었다.

10년 넘게 연락하고 지냈는데 번호가 지워지면서 연락할 수 없게 됐다. 지금도 연락하고 싶고, 감사한 마음이다.

IMF

그 시기에 혹독한 IMF가 터졌다. 다들 어려운 시기였고, 나는 더욱더 힘들 수밖에 없었다.

누구 하나 돈을 버는 사람은 없는데 병원비는 한 주에 400~600만 원씩 나오고, 병원비를 내고 이틀 정도면 고지서가 또 나오자 정말 감당하기에 어려웠고, 집도 저당 잡혀 이젠 병원에서 쫓겨나면 오갈 데도 없는 상황이었기에 하루하루가 지옥과도 같았다.

그런 병원 생활이 15개월 이어졌고, 병원비 외에 지출해야 하는 것들도 만만치 않게 드는 상황이었기에 돈을 거의 쓸 수 없는 상황이었다.

정말 거지가 따로 없었다. 먹고 싶은 게 있어도 아예 먹지를 못했고, 젊은 동생과 어머니가 먹을 것도 제대로 먹지 못했고, 잠도 편안하게 잘 수 없었기에 참 가슴 아픈 시간이었다.

암 병동 환자와 서로의 처지를 부러워함

 IMF가 시작된 11월 신촌의 병원은 재활 병동 앞에 넓은 주차장이 있었고, 바로 옆 건물이 암 병동이었는데 쌀쌀한 날씨에도 햇볕 좋은 날에는 휠체어에 누워 동생과 함께 앞마당에 나갔다. 가끔 암 환자들과 만나 이야기를 나누기도 했는데 어떤 여자분이 휠체어에 앉아 나의 처지가 너무 부럽다고 말했고, 나 역시도 그분께 똑같이 말했다.

 뭔 소리냐?면 그분은 "그런 모습으로라도 살아갈 수 있는 게 너무 부럽다"라고 했고, 나 역시 "자살도 할 수 없으니 그냥 죽을 수 있는 처지가 부럽다"며 바꿀 수만 있다면 바꾸고 싶다고 했다. 그때도 지금도 솔직한 심정이다.

인생의 터닝포인트-1

 신촌에서 국립재활원으로 가게 되었는데, 이곳에서 내 인생의 터닝포인트가 되는 몇 가지 사건이 있었다. 이곳 재활병원으로 올 때만 해도 나는 침대형 휠체어에 누워 이동했고, 호흡도 제대로 하기 힘든 실정이었기에 최고의 바램은 앉는 것이었다. 너무도 간절했다.

 아마 경험해 보지 못한 사람들은 이해하기 힘들 것이다. 경추손상으로 앉지를 못하고 누워만 있다 보니 호흡을 막는 가래를 뱉기가 너무도 힘들었다. 마찬가지로 사례가 걸렸을 때도 뱉지를 못하니 너무도 고통스러웠다. 의사 선생님이 어떤 게 제일하고 싶냐고 물어서 팔을 조금이라도 쓰고 싶다고 했다.

담당 선생님은 앉아만 있어도 가래를 뱉거나 호흡하기가 훨씬 편하다며 그걸 목표로 삼자고 했다. 그래서 "저도 그게 제일하고 싶은데 등받이 각도를 조금만 올려도 기절하게 돼서 못 할 것 같다."라고 했더니 대뜸 그걸 안 할 것 같으면 굳이 입원할 필요가 없다. 쓸데없이 돈만 낭비하는 것이니 퇴원 조치를 할 거라고 으름장을 놨다. 되게 야속했고, 앞이 깜깜하기도 했다.

선생님께 조금만 생각할 시간을 달라고 사정했고, 이젠 어떻게 해야 하지 무척이나 혼란스러웠다. 그 정도만 돼도 정말 좋겠다고 생각은 하면서도 그동안 몇십 차례의 시도에도 항상 똑같이 실패했기에 암담하기만 했다. '여기서 쫓겨나면 어디로 가지'란 생각에 몇 날 며칠을 고민해야 했다. 내 고민이 길어지자, 담당 선생님이 빨리 결정하라고 다그치기에 이르렀다.

여러 날 고민하다 '죽든지 까무러치든지 한번 해 보자'하는 생각을 하고 선생님께 "해 보겠다"라고 하자 잘한 결정이라며 일단 휠체어부터 사라고 했다. 나는 이모에게 자초지종 얘기를 하고 도움을 청했다. 브릿지(미국 휠체어 이름) 새것이 120만 원 했는데 IMF가 터진 직후라 중고가 120만 원이 되어버렸다. 판매상은 그나마도 구할 수 있을지 모르겠다고 했다.

또 욕창 방지 방석도 50만 원이 넘었다. 도무지 입이 다물어지지 않았다. 지금은 예전보다 좋아지긴 했지만, 장애인용품은 아직도 비싼 게 현실이다. 오죽하면 '돈 없는 장애인이 되려면 차라리 죽거나 건강하거나'란 소리를 할까.

인생의 터닝포인트-2

 이제는 어떻게든 휠체어에 앉아야만 했다. 우습게 보일 수도 있겠지만 너무도 힘든 과정이기도 했고, 이 과정이 성공했기에 지금처럼 전동휠체어를 타고 다닐 수 있음에 감사한다.

 담당 선생님은 처음엔 다리를 의자 같은 것에 올려놓고 침대형 휠체어로 등받이 각도를 조절하며 조금씩 올리고, 기절하면 다시 뒤로 눕혔다가 정신이 돌아올 때까지 쉰 후 또 올리고를 계속 반복하라고 구체적으로 알려주었다. 정말 고통스럽고 괴로웠지만 나도 원했던 바였기에 이를 악물고 했다. 그러면서 정말 안 될 것 같던 일에 기적이 일어났다. 어느 정도 일어나 앉아 있을 수 있게 된 것이다. 일으켰다 눕히기를 매일 같이 수도 없이 반복해야 했는데 동생이 정말 여러 가지로 고생이 많았고, 지금도 미안하고 감사한 마음이다.

 일반적으로 사람들은 호흡을 잘하고 몸이 정상적으로 움직이는 것을 당연하게 여긴다. 건방진 얘기지만 숨 쉬는 것, 걷는 것, 자유롭게 먹을 수 있고, 편하게 용변을 보는 것 등등 모두가 당연한 것이 아니라 감사하며 살았으면 좋겠다. 그렇게 살아가지 못하는 사람들이 우리 주위에 얼마나 많은지 모른다.

그렇게 앉기에 성공했고, 담당 선생님이 퇴원할 때 꼭 그렇게 됐으면 좋겠다고 한 약속을 이룰 수 있게 되었다. 만약 이때 이런 시도가 없었다면 난 거동 불가능 환자가 되어 가래 때문에 계속 고통받고 죽을 때까지 누워있어야 했을 것이다.

인생의 터닝포인트-3

또 하나의 사건은 내 생각과 삶을 완전히 바꾼 정상회(경추손상 중 최고 윗부분을 다친 장애인들의 모임)와의 만남이다.

내겐 너무도 충격적인 사건이었다. 그 당시엔 난 왼팔이 탈골되어 축 처져 있었고, 오른팔도 미세하게만 움직일 정도로 상태가 좋지 못했다. 어느 날 물리치료사가 정상회란 모임이 한 달에 한 번인가 있는데 이번 주에 모인다며 그들과 레벨이 거의 같으니 한번 가보라고 권했다.

사실 나는 많이 궁금했다. 왜냐면 다친 이후로 여러 대형 병원에 다니면서 나같이 심한 환자를 보지 못했기 때문이다.

정상회 모임이 있는 날 참석하게 됐는데 그 중에는 유명 탤런트의 동생도 있었다. 그들은 동그란 테이블에 둘러앉았고, 보호자들은 그 옆에 서 있었는데 자신들의 모임에 들려면 간단한 테스트를 해야 한다고 했다. 어느 분이 "테이블에 왼손 올려보세요"라고 했는데 내 왼손은 꼼짝도 안 했다. 그럼 "오른손 올려보세요"라고 해서 낑낑거리며 테이블 끝자락에 겨우 걸쳤다.
순간 환자와 보호자들이 "와~~"하면서 엄청 부러운 눈으로 나를 쳐다보고 있었다. 그들보다 더 놀란 게 나였고, 무엇에 맞은 듯, 한동안 멍해 있었다. 세상에 나보다 더 심한 사람들도 있었다니…. 나는 이 일을 계기로 어려운 일이 있을 때면 나보다 못한 상황을 보려고 노력한다. 만약 내가 건강했을 때나 잘나가는 친구들이나 사람들을 비교하면서 살았다면 이렇게 버티고 살지 못했을 것이고, 아마도 정신 질환자로 살았을지도 모른다.

인생의 터닝포인트-4

국립재활원에 왔을 때 전동휠체어를 누군가 타고 가는 것을 처음 보았는데 '저걸 타고 다닐 정도만 되면 얼마나 좋을까'하는 생각을 했었다. 앉지도 못하고 누워서 다니는 상태였기에 너무도 부러웠다.

그 후로 재활훈련을 통해 앉을 수 있게 되자 의사 선생님께 "그걸 한번 타 보고 싶다"고 했다. 전동휠체어는 병원에서 대여해 준다고 들었던 터라 꼭 한번 타 보고 싶었다. 나는 수동 휠체어를 밀 수 없기에 집안에서만 생활해야 하지만 저걸 타면 혼자 외출도 가능하고, 이동할 수 있는 생활의 폭이 확 늘어나기 때문이다.

전동휠체어에 앉을 수 있으니 슬로프 차량이나 전철을 타고 먼 곳으로 이동도 할 수 있게 됐다.

이렇게 재활훈련을 통해 내 삶의 질이 높아졌다. 의료진과 치료사들에게 너무도 감사한다.

인생의 터닝포인트-5

 이 시기에 목포에서 복사해 간 진료기록 지(전문 의료 영어로 작성되어 알 수가 없었음)를 간호사에게 보여 주며 "도대체 내가 어떤 상태였는지 좀 봐주세요"라고 했다. 한참 지난 어느 날 그 간호사는 친절하게도 "시간 날 때마다 보았다"라며 "세상에~~"라고 했다.

 내게 기록지를 짚어가며 "코마 상태였는데 도대체 어떻게 이 상태에서 조서를 쓸 수 있는지 이해가 안 된다"라고 말했다. 훗날 법원에서 그 기록의 내용을 알리면서 전문의료인에게 의뢰해 달라고 요청했다.

1년여를 서울까지 올라왔던 고마웠던 친구

 처음 서울 병원에 입원했을 때 여동생이 신랑과 함께 와서 어머니와 동생을 데리고 가고, 여자 친구가 토요일 저녁나절 와서 일요일 낮까지 나를 돌봐주고 목포로 돌아가곤 했는데 그때 자기 손 좀 꼭 좀 쥐어달라고 했고, 내가 그걸 못하니 눈물을 보였던 기억이 있다.

 나 역시 아무것도 해주지 못하는 자괴감과 온 정신이 병원비와 누명을 벗고 죽어야 한다는 생각에 몰입되어 살았고, 언제 죽을지 모른다는 생각이 많았다. 그래서, 그 친구에게 부담을 주고 싶지 않아 올 때마다 이젠 그만 오라고 했었다.

정말 마음은 그게 아니었지만, 같이 살아갈 방법이 전혀 없었기에 본의 아니게 상처를 준 것에 대해 항상 미안한 마음이다. 이즈음 이현우의 '헤어진 다음 날'이 나왔는데 여자 친구와 그 노래를 들으며 꼭 우리의 얘기인 것 같아 마음으로 많이 울었다.

인천의 병원에서

인천 병원으로 옮겨 감

 수유리에서 인천으로 가는 것도 구급차로 이동했고, 이곳은 대부분 산재 환자들이 입원해 있었다. 이곳 환자들의 생활은 나와는 차원이 너무 달랐고, 내 처지는 참 비참했었다. 이제는 여기가 마지막 종착지고, 난 어떤 선택도 할 수 없는 상황이었다.

 이곳에서는 가족 간에 돈을 놓고 싸움하는 것을 병실에서 심심찮게 들을 수 있었다. 심지어 문병하러 온 어떤 친척이 사고로 누워있는 환자에게 "너희는 좋겠다. 돈을 그렇게 많이 받았다"라며 라는 얘기를 들었다. 난 경악을 금치 못했고, '저런 돈벌레들이 여기도 많구나'란 생각을 했다.

사고 후 처음 타 본 승용차

서울에 살던 친구 장O석은 시간을 내서 옮겨가는 병원마다 자주 왔었다. 어느 날 "야, 어머니와 동생이 병원 생활하기도 힘들 텐데 같이 바람이나 쐬러 월미도에 놀러나 가자"라고 했다. 어머니는 좀 쉬고 싶다고 해서 우리끼리 가게 되었다.

사고 후 처음으로 승용차(SUV)에 앉아 자동차 전용도로로 가는데 계기반의 속도가 80km 정도밖에 되지 않았는데 내가 체감한 속도는 180km도 넘는 것 같았다. 친구한테 속도 좀 줄이라고 했다. 나도 몰랐던 사고 충격의 트라우마가 내 안에 있었나 보다. 그나마 오는 길은 속도감이 약간은 덜 했던 것 같다.

불쾌한 경험

오랜만에 바다를 보니 정말 가슴이 '뻥' 하고 뚫리는 기분이었다. 바다를 실컷 구경하고, 식당에 들어가서 친구가 회를 주문했다. 동생이 앞치마를 해주고, 식사가 나오자 동생이 회를 싸서 내 입에 넣어주고 이것저것을 먹여주었다.

그런데 식사하던 몇 사람이 흘깃흘깃 나를 쳐다보고 있었고, 처음엔 무시했는데 자꾸 그렇게 쳐다보니 많이 신경이 쓰였고 밥이 먹기 싫어져 "난 다 먹었으니, 너희나 먹어" 했다. 식사가 끝나자, 병원으로 돌아오는 차 안에서 친구에게 "고맙지만 난 다시는 나가지 않겠다"라고 했다.

내가 동물원의 원숭이도 아니고 참 맘이 비참했던 순간이다. 그들은 단순한 호기심일 수 있겠지만 당하는 입장에선 너무도 불쾌한 경험이었다. 그래서 많은 장애인이 "사고 후 처음 밖으로 외출하는 것을 주저하게 된다"라는 말을 병원에서 들었고, 나 또한 이해하게 되었다.

지금도 가끔 휠체어를 타고 나가면 "에고~~ 불쌍해라" 하며 혀를 차는 분도 있고, "인물이 아깝네"라는 분도 있다. 얼굴을 바꿔칠 수도 없고, 긴 한숨만 나온다.

외출

그런 일을 겪고 보니 정나미가 떨어져 병원 밖으로는 죽어도 나가기 싫었다. 산재병원은 나 같은 휠체어 장애인들이 많아서 그런지 크게 신경 쓰지 않아도 돼 마음만은 편했다.

친구는 서울에 살면서도 병원에 자주 왔고, 바깥바람을 자주 쐬어야 한다며 올 때마다 싫다는 나를 강제로 끌고 나갔다. 그렇게 몇 번 나가다 보니 이젠 외출이 자연스러워졌다. 언젠가 친구에게 "너 아니었으면 집에 꼼짝도 안 하고 처박혀 살았을 거야"라며 고마움을 전한 바 있다.

이 친구와 함께 몇 명의 고향 친구들은 1년에 한두 번은 꼭 찾아와 주니 참으로 감사할 일이다.

여자 친구와의 결별

 여자 친구는 이곳으로 옮긴 후 더 이상 오지 않았고, 통화는 자주 했는데 통화가 항상 길어졌다. 그걸 들어서 귀에 대주다 보니 어머니와 동생은 간단하게만 하라고 했다. 지금 같으면 유선이어폰이나 블루투스가 있지만, 그때는 없었는지 내가 생각을 못 한 건지 아무튼 그랬다.

 한 번은 통화가 꽤 길어져 어머니가 약간 짜증스러운 목소리로 얘기한 걸 들었는지 아니면 결별을 생각한 건지는 모르겠지만 그게 마지막 통화였다.

 내가 장난삼아

"내 사랑 못난이야~~"

라고 자주 불렀는데

"그렇게 하지 마"

라고만 하던 한없이 착하고 좋은 사람이었다.

 1년여를 목포에서 서울까지 먼 길을 올 때마다 감사보다는 이젠 오지 말고 네 삶을 찾아가라고 했던 나쁜 남자였고, 소송 문제와 얽혀 여러 가지로 큰 상처만 준 것 같아 깊이깊이 미안하고 감사하다.

법정 다툼

부천 검찰청에서-1

병실에 누워있을 때 검찰청이라면서 병원에서 가까운 곳이니 언제 오라는 전화를 받았고, 그즈음에 퇴원하게 됐다. 그리고, 정한 날짜에 검찰청에 가면서 '이제 본격적으로 시작되었구나'란 생각과 함께 약간의 긴장감을 가지고 동생과 어머니와 함께 택시를 타고 담당 검사실로 갔다. 나는 "경찰 조서가 아무 의식 없는 나를 외삼촌이란 사람이 가족들을 속이고 경찰을 데리고 와서 아버지가 내 지장을 찍어준 거짓 조서"라고 항변했다.

담당 검사는 내게 또 다른 조서를 보여 주었고, 그 내용은 가히 충격적이었다. 아버지가 또 '내가 운전자가 맞다'라고 진술한 것이다.

 이후에 아버지는 목포에 꽤 유명한 변호사가 이 사건은 절대 뒤집지 못하고, 4년도 훨씬 넘게 걸리니까 쓸데없는 곳에 힘 빼지 말고 치료에나 힘쓰라고 했단다.

 또한, 이모를 통해 외삼촌 유0남이 강00(당시 운전자)의 부모로부터 "내가 들어 놓은 돈 일부만 합의금으로 가져가고 가압류를 풀어줄 테니 석우가 운전자였다고 해라"라고 회유를 했다는 것이다. 아버지는 "집이 넘어간 것은 아니었지만 오갈 데도 없는 처지에 일도 하지 않으면서도 병원비와 생활비를 감당하기 힘들었다."고 했다. 그리고, "홀로 너무 외로운 상황이라 빨리 마치고 싶어서 그렇게 했다." 라고 말했다.

 정말 숨통이 터질 일이었다.

부천 검찰청에서-2

 나는 담당 검사에게 너무 황당하고 화가 나서 "나는 절대 운전하지 않았다"라고 말했다. 그랬더니 "너 이거 인정 안 하면 네 아버지 감옥 가야 한다."라고 했다. 내가 무슨 말이냐고 물었더니 "이거 니 이름을 빌려 너한테 묻지도 않고 네 아버지 멋대로 한 것이니 사문서위조로 감옥에 가야 한다며 너 알아서 결정해"라고 했다.

난 뭔가에 맞은 듯 멍했고 너무 분하고 화가 치밀어 올라 평정심을 찾기가 너무 어려웠고, 할 수만 있다면 건물에서 뛰어내리고 싶은 자살 충동밖에 없었다. 동생에게 조용한 곳에 나를 좀 데리다 놓으라고 하고 혼자 생각 좀 하게 넌 저쪽에 가 있으라고 했다. 이때는 어머니나 동생도 15개월여의 고단한 병원 생활에 많이 지쳐있는 상태였다.

부천 검찰청에서-3

난 한참 동안 멍하니 유리창 밖을 쳐다보며, '내가 언제 저러고 다녔던가' 하는 생각도 들면서 사방에 적만 있는 느낌이 들어 정말 살고 싶지 않았다. '모든 게 이대로 끝났으면' 하는 생각이 막 밀려들면서 통곡하고 싶었다. 그런데 언젠가부터 눈물이 말랐는지 울고 싶어도 눈물이 나질 않았다. 사고 후 그 험한 강을 지나오면서 한 번도 눈물을 흘려본 적이 없다.

그렇게 2~3시간을 멍하니 앉아 있으면서 어떤 선택을 해야 하나 내 고민은 깊어만 갔다. 정말 누명을 쓰고 죽고 싶지 않은데…. 어떤 결정이든 내려야 했고, 아버지에 대한 원망도 깊어만 갔다. 한번 그랬으면 됐지 정신을 못 차리고 또 이렇게 나를 수렁 끝으로 밀어 넣는지 내 상식으로는 도무지 아버지의 행동이 이해되질 않았다.

고민에 고민을 거듭하다 동생을 불렀다. 그리고, "내가 한 것으로 하겠다"라고 얘기했다. 동생도 그때 상당히 놀랐었다고 했다. 무식

한 아버지가 너무너무 미웠지만 차마 감옥에 넣을 수는 없었다. 검사는 조서장을 보여 주며 읽어보고 지장을 찍으라고 했다. 난 꼴도 보기 싫어 지장만 찍어주고 그냥 가자고 했다.

이제 다 끝났다!

 오는 차 안에서도 집에 와서도 아무 생각도, 말도 하기 싫었다. 아무리 세상 돌아가는 속을 몰라도 그렇지 자신이 살려고 이런 일을 했느냐는 생각에 분하기도 하고 억울하기도 하고 정말 미쳐버릴 것만 같았다. 그리고, '이젠 끝났다. 모두 잊자….', 집에 와서 누워만 있으면서 울고만 싶은데 눈물이 나오질 않으니 더욱더 고통스러웠다.

 문제는 그날 밤에 시작되었다. 그날 밤의 기억이 지금도 생생하다. 나 자신도 완전히 끝났다고 생각했다. 그런데 아니었다. 울분을 토하며 호흡이 안 되니 목소리가 나오지도 않으면서 "악~~"하고 연신 소리를 내고 있었다. 정말 정말 미쳐버릴 것 같았다.

부천 지법에서 연락이 옴

 병원에서 퇴원하고 이모의 도움으로 근처 아파트에서 살게 됐다. 그러던 중 법원에서 출두하라고 연락이 왔고, 한 달여의 시간이 있었다. 난 그때만 해도 팔을 잘 사용하지 못했기에 입에 스틱을 물고 그동안 복사했던 자료와 조서 같은 기록 들을 간략하게 정리해 나갔다.

스틱을 입에 물고 자판을 치니 입에서 침은 질질 흐르고 턱관절과 목이 너무도 아팠지만 내 일이기에 해야만 했다. 모두 들 "이제는 해 봤자며 받아들여지지도 않을 일에 공연히 헛일한다"라고 얘기했고, 나조차도 뻔히 가능하지 못하다는 걸 알면서도 어떻게든 내 억울함을 호소하고 싶었다.

서류를 보기 위해선 도움을 받아야 했기에 내 옆에 가족 중 누군가는 있어야 했다. 그런데, 가족들은 포기하지 않는 내 모습과 서류 작업에 질려했다. 나는 속으로 '자기들이 속아서 이런 지경을 만들어 놓고 난 그걸 수습하려고 죽을 각오로 하는 것인데 이게 자신들의 일이 아니라고 그런 건가'하는 원망마저 들었다.

그렇게 한 달을 온종일 서류 정리에 몰입해서 법원에 가게 되었다. 그날은 최종 판결을 하려고 나를 부른 것이었는데 난 판사님께 서류를 전하며 이거 한 번만 보아달라고 했다.

정말 저는 운전을 안 했고, 경찰 조서와 검찰 조서가 거짓으로 꾸며진 이유를 설명하며 정말 억울하다고 호소했다. 이때 또 기적 같은 일이 벌어진다. 판사님은 서류를 확인해 보겠다며 만약 "네가 거짓을 말하면 가중처벌을 할 것이고, 억울한 부분이 있다면 국선변호사를 선임해 주겠다"라면서 한 달 후에 다시 오라고 했다.

한 달 동안 마음을 졸여가며 기다렸다가 법정 출두 날짜에 맞춰 가게 됐다. 긴장하며 판사님의 입을 주목하고 있는데 국선변호인을 선임해 주겠다며 다음 재판 일정을 알려주었다. 이런 말도 되지 않은 기적 같은 일들이 사고 이후에 계속 벌어지고 있었음에도 나는 단지 우연의 연속이라고만 생각했다. 얼마 후 국선을 맡았다며 권0대변호사 사무실에서 연락이 왔다.

법정 다툼의 시작

 이제 본격적인 법정 다툼이 벌어졌고, 강00(운전자)의 형제와 친척, 매매 상사 사무실 대표 유0남과 전무 유0식, 경찰 오0우와 남0우, 목포의 병원장, 검문소에 근무 중 사고 현장을 목격했던 전역한 의경, 택시 기사 홍0표 등 많은 사람이 목격자 진술을 하러 목포에서 부천까지 왔다. 그들은 목포 병원에서 내가 얼마 살지 못한다고 말해서인지 목격자 진술과 사고 현장 등 형식적으로 꿰맞춰 조서를 만들어 놓았다. 경찰 조서가 너무도 허술해서 내 억울함이 쉽게 풀릴 줄 알았다. 그러나 그건 나의 착각이었다.

경찰 조서

 조서에는 강00(운전자)의 형과 동생 그리고 친척들이 목격자 진술했는데 이들은 사고 직후 현장 상황을 알지도 못하는 자들이었다. 심지어 어떤 친척이란 사람은 어느 날 병원에 갔는데 내가 침대에 앉아 동생하고 과일을 먹으며 노닥거리고 있었다고 기록했다. 나는 "그 당시에 양쪽 머리에 구멍을 뚫고 거기에 추를 고정한 상태였고, 뇌좌상으로 정신을 잃은 상태였다"라고 말하면서 진료기록을 보면 바로 알 수 있다고 반박했다.

 또한 내가 입원한 목포 병원장은 운전자로 내 이름을 자신이 기록했다고 법원에 와서 증언했다. 판사님이 그에게 "왜 운전자로 황석우를 기록했냐?"고 묻자 "유O남(매매 상사 대표이자 외삼촌)이 그렇게 말해서 그렇게 했다"라고 답하면서 "황석우가 운전자가 맞다."라고 생뚱맞은 소리를 했다.

 판사님이 "그럼 두 사람의 외상이나 상태를 봤을 때 누가 운전자로 보이냐?"고 묻자 "통상적으로는 사망한 사람"이라고 답했다. 강OO은 안면 손상과 가슴뼈 골절로 인한 장기 손상으로 사망했고, 나는 외상이 전혀 없었고 목뼈 골절과 뇌좌상이 있었다. 나는 "아마도 병원장이 지역사회다 보니 경찰의 눈치를 보는 것 같다."라고 법정에서 진술했다.

사고 현장에서

 조서를 작성했던 경찰 오O우와 남O우는 "현장 사진 몇 장을 찍긴 했지만 당시 비가 오는 날이라 락카를 뿌리면 물에 씻겨 내려가기 때문에 표식을 하지 않았다."라고 상식에도 맞지 않는 소리를 했다. 당시 검문소에 근무했던 의경은 "사고 얘기를 듣고 가까운 거리라 현장에 왔고, 경찰이 사고 현장에 락카를 뿌리는 것을 똑똑히 목격했다."라고 증언했다.

매매 상사 사무실 대표 유O남과 전무 유O식

 이들 또한 법정 진술을 했는데 유O남은 "황석우 친구가 와서 같이 나가는 것만 보았지, 자신은 아무것도 모르며 얼마 안 돼 그 친구란 사람이 와서 이 앞에서 사고가 났다고 전한 후 바로 사라져 버렸다."라고 했다. 현장에 가 보니 도로에 누워있는 두 사람의 위치가 경찰이 말한 그 위치였으며 "자신은 아무것도 모르는데 생사람 잡는다"라고 헛소리를 했다.

 그날 광주 친구 서0진은 포터(1t 화물트럭)를 매매 상사 앞으로 이전하려고 유0남이 돈을 준비해 놓은 상황이었는데도 자신은 아무것도 모르는 것처럼 발뺌한 것이다.

 또한, 사무실 전무였던 유0식은 사고 소식을 듣고 유0남과 같이 현장에 가 보니 도로에 누워있는 두 사람의 위치가 경찰이 말한 그 위치였으며, 황석우의 신발이 운전석에 있었다고 증언했다. 이 말은 내가 의식이 깬 지 얼마 안 됐을 때 외삼촌 유0남이 병실에 와서 그날 유0식이 도로에 떨어진 내 신발을 운전석에 슬쩍 던져 놓았다고 아무 생각 없이 얘기했었다. 나도 이런 법정 상황이 될지 몰랐기에 아무 생각 없이 들었다. 이 둘은 처음부터 나를 운전자로 입을 맞췄던 것이다.

사라진 사진

 결정적일 수도 있을 스쿠프 차량의 전면 유리 사진이 경찰 조서에는 분명히 있었는데 그 사진이 감쪽같이 사라져 버렸다. 운전석 유리 쪽만 동그랗게 박살이 났고, 강0윤은 얼굴에 큰 상처가 있었다. 나는 얼굴과 다른 부위에 외상이 전혀 없는 상태였다. 이것도 내가 법정에서 진술했다.

지루한 법정 다툼

 이렇듯 매매 상사 대표 유O남, 전무 유O식. 형사 오O우, 남O우. 강O윤의 형제와 친척. 우리가 탄 차를 추돌한 운전자 전O식 등은 도로에 누워있던 두 사람의 위치는 경찰 조서가 맞다며 나를 운전자로 지목했다.

 그러나, 현장을 처음 보고 나를 택시에 싣고 간 홍O표, 강O윤을 옮겨간 119구급대원 등은 두 사람의 위치가 반대였다고 얘기했고, 현장에 왔던 의경은 경찰이 거짓말을 하고 있다고 법정 증언을 했다. 그렇게 사고 이후로 1심 최종 판결까지 3년 6개월 정도 걸렸고, 법정 재판 기간은 한 달에 한 번씩 출석해야 했다.

 나는 전신마비라 차에 태우고 내리기가 매우 힘들었고, 가족들이 법원에 같이 다녔다. 인천에 살던 친구 장O희는 자기 일보다 내 법정 날짜에 맞춰 스케줄을 잡고 도와주었다. 이런 걸 보면 참 나는 인덕도 많지만 지지리도 인덕이 없는 것 같다.

환청

 법정에 왔던 강O윤(운전자)의 부모는 내게 "이 나쁜 새끼, 너는 살인자 새끼야"라고 욕설을 퍼부었고, 전무 유O식이란 자는 법정에서 나오면서 내게 "너 이 새끼 그렇게 거짓말하며 살지 마. 다 알고 있는데 거짓말하고 있네"라고 말했고, 내가 "저놈 잡아"라고 하자 도망쳐 버렸다. 이런 말도 안 되는 상황 때문에 너무도 분하고 억울했고, "살인자 새끼", "살인자 새끼"라는 환청이 매일 밤 들려 정말 미쳐버릴 것만 같았다.

자포자기한 판결

 많은 사람이 법정 증언도 했고, 아마 판사님만 3명 정도 교체됐던 것 같다. 어느 날 권O창판사님은 "내가 이 건을 마무리 짓고 가겠다."라며 다음 달에 최종 판결하겠다고 했다.

 나는 사고 현장을 목격한 광주 친구 서O진을 3년 넘게 찾았고, 평소 안면이 있던 그의 친구 몇 사람의 전화번호를 가지고 있어서 수시로 연락해 이런 상황을 설명했지만, 자신들에게도 연락이 없다는 말뿐이었다. 3년 넘게 찾을 수가 없었기에 나도 너무 지쳐 자포자기 상태였고, 아버지와 경기도 광주에 있는 OO재활원에 입원해 있었다.

OO 재활원에서

 11월경이었던 것 같다. 상당히 쌀쌀했는데 나는 아버지에게 밤마다 운동장에 데려다주고 몇 시에 데리러 오라고 했다. 1시간 넘게 멍한 눈으로 밤하늘과 반짝이는 별을 바라보며 '하나님이든 부처님이든 달님이든 별님이든 무슨 신이 있다면 내 억울함 좀 제발 풀어주오'라며 울분에 가득 차 울고는 싶은데 눈물은 나오질 않고, 마음속으로만 통곡했다.

찬 바람과 새까만 밤하늘에 반짝이는 별이 얼마나 예뻤는지 모른다. 세상은 이렇게 예쁜데 왜 나는…. 내 몸과 맘은 꽁꽁 얼어 있었다. '제발 제발 내 억울함만 풀고 죽었으면 좋겠다'라며 뭔지도 모르는 신을 찾으며 하소연했고, 이젠 이것이 끝이라고 생각했다.

기적의 연속

그런데 최종 판결 일주일 전쯤 기적 같은 일이 일어난다. 그렇게 찾다 찾다 못 찾아 포기했던 광주 친구 서O진에게 연락이 온 것이다. 내가 이곳으로 올 수 있는지 물었고, 다음날 OO 재활원에 찾아왔다. 그는 자신과 가족들에게 어려운 일이 생겨 도망 다녔고, 매매 상사 대표 유O남에게 사고 상황을 알려주고 병원에 왔었기에 이런 상황인지 전혀 몰랐다고 했다.

내 기억에 "사고 직전 이런저런 상황에서 내가 조수석에 서서 우리 차를 따라오라고 말했고, 네가 따라왔는데 맞냐?"고 물으니 "맞다"고 답했다. 내가 "사고 순간은 기억나지 않는다"고 하자 "사고는 검문소에 차가 정체되었는데 빗길에 과속으로 가다가 급브레이크를 밟아 팽이처럼 돌면서 반대편 차선으로 넘어갔으며, 마침 그 쪽에서 오던 승용차가 우리 차 운전석 후미를 추돌해서 두 사람이 차 밖으로 팅겨 나간 것"이라고 했다.

사고 직후 도로에 떨어진 두 사람의 위치를 물으니 자세하게 설명하면서 택시 기사 홍O표의 말과 똑같이 말했다. 경찰과 그 일당들이 꾸민 조서와 떨어진 위치를 듣고 틀렸다고 하며, "나는 본대로만 증언하겠다"라고 했다.

그래서 국선이었던 권0대변호사와 통화 후 부천으로 찾아갔고, 권 변호사는 재판부에 연락해서 서0진은 법정에서 목격자 증언을 하게 됐다. 판사님이 최종 판결을 한 달 뒤로 미루고 한 번 더 와서 목격자 증언하라고 해서 한 달 뒤에 최종 판결을 하게 됐다.

1심 판결

그렇게 다음 달에 법원에 가게 됐는데 그들에게도 최종 판결이라고 연락했나 보다.

"아~~ 이젠 끝났다."라고 생각했는지 얼굴들이 밝아 보였다. 매매상사 대표 유0남(외삼촌), 강0윤(운전자)의 부모 등이 왔는데 목격자 서0진이 나타나자 유0남은 판사 앞에서 "저 새끼들 다 거짓말이라며 너희 둘 다 고소하겠다."라며 핏대를 세웠다.

자신의 거짓이 드러나자, 재판정에서 소란을 피우며 발악했다.

그 누구도 내가 절대 이길 수 없다고 했던 1심 재판은 나의 승소로 끝이 났고, 나 자신도 이젠 모든 것이 끝났다고 안도했다.

재판이 끝나고 권0대변호사는 "대부분 사건 수임을 맡으면 모두 변호사에게 다 맡겨 버리는데 당신이 너무 적극적으로 자신을 변호하기 위해 매달 자료를 준비하는 그 열정에 자신의 마음이 움직여 나도 최선을 다했다."라며 나를 칭찬했다.

안도의 한숨을 쉬려 했는데

검사의 항소로 2심 재판이 진행됐고, 2심도 승소했다.

'그 길었던 재판이 이제야 끝났구나'

라고 생각했는데 또 다른 재판이 나를 기다리고 있었다.

판결에 불복한 검사가 소(訴) 제기를 해서 대법원으로 넘어간 것이다. 법원에서 따로 부르지는 않았지만 어떻게 판결이 날지 알 수 없었기에 난 계속 긴장 상태로 지내야 했다.

1년 정도 기다렸는데 법원에서 연락이 왔고, 최종 판결이 내려졌다. 내가 너무 긴장했는지 귀를 의심했고, 법정을 나오면서도 동생에게 몇 번을 물었다.

최종 승소 판결을 받고서야

'이제 모두 끝났구나'

안도의 한숨이 나왔고, 너무도 기뻤다.

전신마비의 몸으로 장장 6년 6개월의 재판이 이제야 끝을 맺은 것이다.

전신마비의 몸으로 집에서 도망함

기구한 내 운명

 이렇게 기나긴 재판이 끝나자 또 다른 시험이 내 앞에 있었다. 2심 재판 때 운전자의 부모에게 받은 합의금 1억 원과 내가 들어놓았던 보험금의 수령 등 현금이 들어오자, 가족들이 정신을 못 차리는 것이다. 그동안 여러 가지로 고생한 것은 알지만 우리는 그걸 가지고 죽는 날까지 함께 살아가야 하는데 자꾸 돈 때문에 충돌이 나는 것이다.

가끔 친구들이 와서 밥을 먹을 때도 있었는데 얘들이 깜짝 놀랐다. "야. 너희 집은 올 때마다 잔칫집 같다."라고도 했다. 어머니는 생활력도 강했고 자식들에 대한 사랑도 누구 못지않았지만, 예전에, 가구 장사로 큰돈을 만져서인지 쓰임새가 너무도 컸고, 돈 때문에 사사건건 나와 충돌했다.

돈이 없어서 편하다??

병원 생활할 때는 돈이 없어 남이 주는 것만 얻어먹고 사는 비참한 날들이었고, 어려운 시기를 잘 지내왔는데 이제 와 돈이 좀 생기니 이런 일이 내게 생기는 걸까 너무도 괴로웠다.

이제는 나만 잘 돌봐주면 되는 것인데 왜들 저러는 걸까?

여유롭게 살고 있음에도 만족을 모르는 행동 때문에 내 눈에는 마치 미래 없는 삶처럼 보였다. 나는 '에이~~ 이 더러운 돈 다 없어져 버려라.'라고 했는데 실제 그렇게 되어버렸다.

어차피 내가 관리를 못 하다 보니 이런 사단이 생긴 것이고, 이젠 돈이 없으니 매우 불편하지만, 마음만은 편하다.

탈출 계획과 실행

어느 날 또다시 돈에서 시작되어 병원 생활 그리고, 재판하기 시작한 경위까지 모두 내 책임으로 돌리는 원망과 불평을 또다시 듣게 되자 나도 모르게 그동안 참았던 감정이 폭발하게 되었고, '아~

이젠 더 못 버티겠다….'는 생각이 들어 어머니 집에 합류하기 전 알아보았던 몇 그곳에 연락해 보았다.

그리고, 나와 마음이 잘 맞았던 남자 활동 지도사에게 벼룩시장을 가져오게 해서 탈출할 계획을 하게 된다.

어느 날 어머니가 자꾸 내 탓을 하며 병원에 입원하게 되자 '난 이제 다시는 돌아오지 않을 것이고, 당신들과도 절연할 거야'라고 속으로 다짐했다.

친구의 도움으로 그렇게 집에서 혼자 나와 양주로 부천으로 오정구 원종동의 시설로 옮겨 다니게 된다.

다시 인천으로 그리고….

그러다 인천 부평의 세림병원에 입원하게 됐고, 그곳 원목실에 예전부터 나를 자식처럼 생각해 주시는 장O창목사님이 공동 간 병실로 오셨길래 사정 얘길 하며 갈 곳이 필요하다고 했다.

목사님은 "그럼, 여주에 요양병원이 있는데 너 그리 갈래"라면서 "너 거기 일가친척 하나 없는데 괜찮겠니?"라며 매우 걱정하셨다.

나는 어차피 가족들과는 연을 끊고 살겠다는 생각으로 집을 나왔기 때문에 "아뇨. 오히려 잘 됐습니다."라고 얘기했고, 병원에서 치료가 끝나자, 여주 OO노인병원의 목사님이 나를 데리고 오게 되었다.

아무도 없는 여주에서 홀로서기 - 1

여주 00 노인병원에서

 다른 요양병원보다 시설도 좋고 규모도 있었고, 창밖의 풍경으로 계절을 느낄 수 있는 곳이라 처음엔 너무 좋았다. 의료진이나 물리치료사들, 간병인도 친절하게 대해줬다. 매일 물리치료와 작업 치료를 받기 위해 일반 휠체어에 태워주면 치료 후 입구에 앉아 한참 동안 밖을 쳐다보곤 했고, 비가 오는 날이면 꼭 내 마음 같아 내리는 비를 청승맞게 쳐다보기도 했다.

차 꽁무니

 일요일엔 예배 때문에 전동휠체어를 태워주면 저녁을 먹은 후 깜깜한 저녁 8시 정도까지 병원 밑에 있는 버스정류장에 혼자 앉아

지나가는 차의 꽁무니를 바라보며 기도했다. '제발 저런 차에 나 좀 싣고 이곳에서 내보내 주세요.'라고…. 진짜 간절한 마음이었다.

언젠가 시청에 근무하던 어떤 사회복지사가 내게 말했다. "아니 그 좋은 곳을 왜 나왔어요. 밥 꼬박꼬박 나오지, 여름엔 시원하지, 겨울엔 따뜻하지"라며…. 난 "당신은 월급받고 출퇴근하니 최고 좋을 수 있지만, 그곳에 사는 내 입장은 그게 아니다. 자유란 거 아시냐. 자고 싶을 때 자고, 먹고 싶은 것을 먹을 수 있는 자유, 그렇게 독립된 생활이었다면 아마도 그곳에서 나오지 않았을 거다"라고 했더니 아무 말을 하지 못했다. 그렇게 독립된 생활이 절실했다.

독립기-1

다른 병동에 살던 몇 사람과 가끔 일요일에 만나 얘기도 나누곤 했는데 내가 밖에 나가 살고 싶다고 얘기했더니 장애인인권문제연구소 이00소장을 소개해 주었다. 며칠 뒤 그가 병원에 방문했는데, 그에게 "경추 골절로 전신마비 장애인이 됐고, 모든 것을 도움을 받아야만 생활이 가능하다."라고 했더니 다 안다고 했다. 무슨 얘기를 해도 다 안다고 답을 했기에 썩 미덥지 않았다. 그런데 그는 우리 센터에 당신 같은 사람들이 몇 명 있으니 한번 나오라고 하고 돌아갔다.

몇 번의 외출과 만남으로 막상 노인병원에서 나갈 생각을 하니 갈피가 안 잡히고 상당히 혼란스러웠다. 친했던 간호사들은 위험하니 절대 나가지 않았으면 좋겠다고 걱정을 해주었다. 어떻게 해야 하나 쉽게 결정하기가 어려웠다. 그러던 중 '죽이 되든 밥이 되든

한 번 나가보자'라고 결정했다. 이번에 못 나가면 평생 이곳에서만 살게 될 것이란 생각이 강했다. 그리고, 이00소장에게 전화를 해서 오학동에 살게 되었다. 이것이 '여주에서의 첫 독립기'이다.

독립기-2

 소변 관리 때문에 원주 OO 병원에서 방광에 구멍을 뚫고 퇴원하기 며칠 전 병원 앞 시장 구경을 갔다. 사이버대학에서 국비로 학자금 대출을 받아 공부할 수 있다는 현수막이 있었다. 지나가는 사람에게 전화번호를 찍어주라고 한 후 병실에서 연락했더니 담당자가 병원으로 왔다. 퇴원 후 그런 얘기를 이OO 소장에게 했더니 자신이 도와줄 테니 해 보라고 했고, 내 또래 하OO와 같이 시작했다.

 사회생활 후에도 집에 월급 대부분을 보내다 보니 대학은 꿈도 꾸지 못했다. 그러던 중 대학 졸업장도 받고 사회복지사 자격증까지 받을 수 있는 것이라 도전해 보고 싶었지만, 생소한 논문도 써야 하는 등 어려움이 많았다. 이OO소장이 딱 한 번 논문 쓰는 데 도움을 주었고, 그 후로 커리큘럼도 짜고 시험 준비 등 듣도 보도 못한 것들을 혼자 하려다 보니 여간 어려운 게 아니었다.

독립기-3

 이OO소장의 변심으로 생활하는 것이 상당히 힘들었다. 그래도 자유 없는 요양병원보다는 낫다고 생각하며 버티고 또 버텼다. 그러던 중 큰 사건이 터졌다. 이OO소장은 평소에도 잘못된 언행과 사람을 무시하는 성향이 강했는데 어떤 분이 그의 말 때문에 큰 상처를 받아 사과를 요구했으나 이OO소장은 콧방귀를 뀌고 말았다.

 결국 그분은 이OO소장을 고소하기에 이르렀고, 이 사건으로 장애인인권문제연구소라는 기관이 깨지게 되면서 나는 다시 노인병원으로 돌아가게 된다.

아무도 없는 여주에서 홀로서기 - 2

노인병원에 인터넷이

 그나마 바깥 생활은 전동휠체어를 타고 여기저기 다닐 수도 있었고 공부도 할 수 있었는데 노인병원에서는 인터넷이 안 되다 보니 또다시 무료한 시간의 연속이었다.

 사이버대학 공부도 개점휴업 상태였고, 가끔 친한 간호사들과 인터넷이 안 돼 공부를 하지 못하고 있다는 얘기를 한 적은 있었다.

 그러던 중 어떻게 병원 원장님 귀에 전달됐는지 모르지만, 병원

전 층에 인터넷을 깔라는 지시가 내려졌다고 누군가 귀띔해 주었다. 믿기지 않는 소식에 나도 놀랐고, 간호사들은 내게 연신 고마워했다. 이유는 와이파이가 되니 데이터 요금을 절약할 수 있었기 때문이었다.

또 다른 벽

 그렇게 사이버대학 과정을 마칠 수 있게 되었는데 또 다른 장벽이 내 앞에 있었다. 바로 사회복지사 실습이었다. 노인병원에서 살다 보니 정보가 없어서 혼자 실습 기관을 찾기가 너무 어려웠고, 기관을 찾는다고 해도 어떻게 이동하느냐의 문제가 나를 가로막고 있었다. 그때는 지금처럼 장애인콜택시도 없을 때였기에 또 포기 상황이었다.

 혹시나 하는 마음으로 재입원하기 전 안면이 있던 여주시 장애인복지관 김O희관장께 연락을 했고, 내 사정 얘기를 했다. 김O희관장은 실습을 받긴 하는데 좀 더 알아보고 연락을 주겠다고 했다. 며칠 후 담당 슈퍼바이저라며 연락이 왔고, 실습 일정이 잡혔으니 그 시간에 꼭 맞춰 오라고 했다. 그런데 내가 이동 수단이 없다고 하자 난감해하는 것 같았다.

 관장께 보고가 들어갔는지 다시 연락이 왔다. 실습하는 동안 차량과 운전원을 보내 준다는 것이다. 또한, 함께 실습했던 2분이 나를 도와주어 사회복지사 실습을 무사히 마칠 수 있었다. 관장님, 강O필슈퍼바이저님, 동료 실습생 2분의 사랑과 도움에 진심으로 감사했습니다.

독립을 가로막은 2가지 요건

　서0사이버대학에 편입해 병실에서 강의를 들으며 1년 넘게 생활하고 있었다. 그런데, 병원 밖으로 나오라는 연락이 왔다. 혼자 생활하려면 나를 돌봐줄 전담 인력이 필요한데, 밤에 돌봐줄 사람 찾기가 너무 어려웠고, 아파트 보증금이 준비가 안 되다 보니 이 두 가지가 해결이 안 되면 나갈 수 없는 상황이었다.

　그런데, 보증금 문제가 해결되었다. 병원 밖에서 생활할 때 3주마다 토요일에 들어왔던 분이 빌려주겠다는 것이다. 그전에도 그런 얘기를 들은 적은 있지만, 일가친척 없이 나 홀로 사는 사람에게 적지 않은 액수를 빌려준다는 것이 믿기지 않았다. 그러나 진심이었다.

　그 후 자립생활 센터에서 야간에 나를 돌봐줄 활지사를 구했다는 연락이 왔고, 오학에 있는 아파트에서 또다시 독립생활을 하게 됐다. 여주에서 시설 장애인이 온전히 독립한 1호 케이스가 됐다.

　기도로 도와주신 이0혁목사님과 교우들 그리고, 자립생활 센터와 장애인복지관 등 여러 가지로 지원하고 도와준 모든 분께 진심으로 감사하다.

동아리를 이끌다.

　독립된 생활을 하면서 예전에 알았던 분들의 초대로 새로 꾸며진 푸른 솔 장애인자립생활센터에 자주 나가게 됐는데 많은 장애인과 활지사들이 모여 얘기도 나누고 점심도 먹는 사랑방 같은 장소였다. 꽤 많은 사람이 모였는데 자주 보는 사이가 되자 내가 독서 동아리를 이끌게 됐다. 간단한 에세이집을 읽고 서로의 생각을 나누고 정리하는 시간이었다.

 1년이 훨씬 넘게 동아리를 이끌다 어느 날 큰일이 생겼다. 지금도 그때를 생각하면 너무도 미안한 마음이다. 독서 동아리는 돌아가며 책을 읽었는데 항상 그분만 다음에 읽겠다고 해서 건너뛰고 읽곤 했다. 어느 날 그분이 또 자기를 건너뛰라고 해서 "에이~ 오늘은 한 번만 읽어주세요"라고 자꾸 채근했다. 그분이 다음 만남에선 꼭 읽겠다고 해서 알겠다고 한 후 그날 모임은 끝이 났다.

'당연히'가 누군가에게는 '당연히'가 아니네!

 모임이 끝난 후 그분이 나를 불러내서 "나 다음부턴 안 나온다"라고 했다. "왜요?"라고 묻자 "사실 나 글을 모른다"라고 했다.

 난 뭐에 뒤통수를 맞은 느낌이었다. 그분은 모임에 참석도 잘하고, 발표도 잘했기에 전혀 그런 생각을 못 했는데…. 그럼 '그동안 이 자리가 얼마나 불편했을까' 란 생각이 들자 너무도 창피하고 미안했다.

 집에 와서도 그 생각이 머리에서 지워지지 않았다.

 난 당연하다 생각했는데 누군가에게는 당연한 것이 아녔구나….

문해교육의 시작

동아리가 글공부로

 주말 동안 많은 생각을 하면서 다음 모임에 나가게 됐고, 그분들께 제안했다. "이 책도 거의 끝나가니 책이 끝나면 독서 동아리를 그만하고, 글을 배워보면 어떨까요?"라고 물으니 많은 분이 좋다고 했다.

 나 자신도 이게 문해교육인지도 몰랐고, 말 그대로 '글공부'였다.

 처음엔 시행착오가 많았다. 모두 학습 수준이나 학습 능력이 달랐기에 어떻게 맞춰나갈지를 생각해야 했고, 전문가가 아니다 보니 수준별 교재 구하기도 힘들었다. 우선 학습 수준별로 인원을 맞추고, 학습자를 최소화하는 작업을 먼저 했다.

그렇게 '글공부'아니 '문해교육'은 시작됐다.

여주시 문해교육사 3급

그러던 중 여주평생교육센터에서 문해교육사 3급 과정이 있다고 해서 나를 돕던 박0숙 활지사와 같이 그 과정을 수료했고, 우리가 1기생이었다. 이 사업은 글을 모르는 분들을 찾아가 마을회관 같은 곳에서 글을 지도하면 차수에 따라 시에서 급여를 주는 방식이었다.

이 과정을 어떻게 알고 왔는지 다른 시에서 오신 분들도 꽤 있었는데 알고 보니 이 사업을 먼저 시행한 지자체도 있었고, 공고를 보고 왔을 만큼 당시엔 인기가 있었던 것 같다.

그 후 학습 장소를 여주시 장애인자립생활센터로 옮기게 됐다. 장애인과 근처에 살던 몇 분의 할머니들이 오셨고, 그분들의 소개로 먼 곳에서 오신 분들도 있었다. 동네 마을회관이나 다른 큰 기관에서도 문해교육을 하고 있었는데 내가 "왜 먼 이곳까지 오셨냐"고 물으니 "다른 곳에서는 자신의 능력에 맞지 않게 너무 쉽거나 너무 어려워 따라가지 못했는데 여기는 자신들한테 맞춰 가르쳐 주니 너무 좋다." 란 답변을 주셨다.

버팀목 장애인 야학의 태동

5년 넘게 문해교육을 이끌게 됨

 이런 상황이다 보니 나와 활지사 2명이 이끌어 가기가 벅찼고, 여주시 평생교육센터에서 문해교육사 1명을 파견해 주었다.

 글공부로 시작한 문해교육을 5년 넘게 무급으로 수업하던 차에 내가 평생교육사 자격증이 있었던 터라 자립 생활센터의 조0오소장이 장애인 야학을 만들면 좋겠다며 이를 추진하게 되었다.

그렇게 버팀목 장애인 야학이 2019년 10월 개교식을 하게 되고, 초대 교장직을 맡아 5년째 활동 중이다.

중증장애인들이 매년 검정고시나 발표회에서 성적을 내거나 자신의 성장을 확인할 때 너무도 기뻤고, 덩달아 보람을 갖게 된다.

엊그제 버팀목 장애인 야학 5주년 기념식을 조촐하게 하면서 많은 분의 동참과 협력으로 이만큼 성장했음에 진심으로 감사하다.

난 올해를 끝으로 야학의 교장직을 내려놓으려 한다.

앞으로 더욱 발전해 가는 버팀목 야학이 되길 진심으로 기원하며…

2024년 장애인의 현실

장애를 인정하기까지

 내가 사고 후 장애인이 된 것을 인정하기까지 2년 반 넘게 걸린 것 같다.

 '내가 장애인이라고!!'

 도저히 인정할 수가 없었다.
 그런데 그럴수록 나만 홀로 남겨진 것 같았다.

그걸 인정하기까지 너무너무 힘들었다. 내가 인정한 후에도 가족들은 훨씬 받아들이기 어려워했고, 10여 년이 지난 후에도 내가 도움을 청할 때면 건강했을 때처럼 행하기도 했다.

끝없는 나락으로 떨어진 나의 형편없는 모습을 보며 한숨만 나왔다. 이제는 돌아갈 수 없는 비주류로 떨어지다 보니 모든 생활 특별히 사회 활동에서 비장애인들은 이해하기 힘든 불편함을 고스란히 느끼며 살 수밖에 없다.

2024년 장애인의 현실-1

현재 나의 삶을 얘기해 본다면 2024년 10월부터 경기도 광역(경기도 내에 사는 장애인에게 경기도와 인근 지역까지 자유롭게 다닐 수 있게 하도록 시행됨) 이동이 가능해졌는데 그 취지는 매우 좋은데 우려 했던 일들이 일어났다. 내가 가고 싶은 그곳에 가려면 대기 순번이 1번임에도 어떨 때는 5분 만에 배차가 되고, 또 어떨 때는 1시간 넘게 기다려야 하니 언제 차 예약을 할지 헷갈린다.

광역 이동이 된 후 차량 배차의 불편함을 여러 사람에게 전해 들었다.

어쩌면 시행 초기라 그럴 수 있다고 할 수 있지만 이건 너무 심하다 싶다. 상담원들은 각 지역의 위치를 아예 모르니 예약할 때 도착지를 알려줘도 그곳이 없다고 한다.

이걸 어떻게 해야 할까?

심지어 도착지를 전혀 다른 곳으로 배차를 해서 운전원이 이용자가 원하는 곳까지 다시 데려다주는 때도 있었단다.

또 차가 배차된 후 취소하면 페널티를 주고, 한 달에 페널티 6회면 일주일간 차를 이용할 수 없단다. 난 10월이 시작된 지 8일밖에 안 됐는데 벌써 페널티를 2개 받았다.

참으로 고약한 규정이다.

이것 때문에 민원을 넣으려 하니까 담당 부서나 상담창구가 없고, 상담원에게 얘길 하면 자신들이 전달한단다. 그리고, 거기서 판단한 후 필요한 경우에만 연락한다고 하니 자기들 편할 대로이고, 장애인들의 편리는 아예 안중에도 없는 것이란 생각이다.

민원을 2차례 넣고 15일 정도가 지났지만, 아무 연락이 없는 걸 보면 이런 건 민원 거리도 아닌가 보다.

장애인은 아무것도 하지 말고 집에만 박혀 있으란 소리인가?

전국에 전동기구 이용자가 탈 수 있는 고속버스가 한 대라도 있는가? ktx도 듣기론 전체 열량의 몇 석만 휠체어 장애인이 이용할 수 있어 단체 여행은 불가능하다고 한다고 하는데 이게 우리의 현실이다.

2024년 장애인의 현실-2

 도대체 교통수단도 없고, 이동의 자유가 없는데 무슨 노동을 하고, 문화생활을 하고, 교육받으며 지역사회에서 함께 살아갈 수 있겠는가?

 그래서 20년 넘게 똑같은 주제를 가지고 장애인들의 이동권, 교육권, 노동권, 문화권을 외치는 것이다.

 인간으로서 사회 활동을 하기 위한 가장 기초적인 것들인데 누구 하나 관심을 가지는 사람이 없기에 그렇게 농성하는 것이다.

 그 외침은 항상 찻잔 속에 태풍일 뿐이고 그러다 보니 단체행동으로 외치고 또 외치는 것임에도 어떤 젊은 정치인은 장애인들의 호소를 외면하고 오히려 장애인과 비장애인을 갈라치게 하는 행위를 하는 걸 보고 크게 실망했다.

 자신이나, 자신의 가족이 장애인이 되지 말란 법이 있을까?

 이렇듯 장애인들은 주류인 비장애인들이 만들어 놓은 사회환경 속에 비집고 살아가야 한다.

 그렇다 보니 항상 피곤하고 힘들게 살아가야 한다.

나는 절대 아니라고 장담할 수 있는가?

 다시 말하지만 나 역시도 교통사고 전에는 누구보다 건강했다. 매일 같이 일어나는 각종 사고 때문에 많은 사람이 죽거나 중상을 당하기도 하고, 또 각종 질병 때문에 장애를 갖게 되기도 한다. 사고나 질병은 그 누구도 예외가 없고, 당신에게도 닥칠 수 있다. 단지 그런 일이 없음에 감사했으면 한다.

 또한, 사람은 누구든지 죽기 전에 몇 시간이 될지 아니면 몇 년이 될지 모르지만, 한 번은 장애를 갖고 살다 죽는다. 한 예로 질병의 경우 당뇨로 절단이나 시각장애를 앓게 되기도 하고, 치매로 일상생활을 할 수 없기도 하다. 뇌출혈로 인한 뇌 병변 장애, 호흡기, 간장, 신장이나 심장 질환을 겪는 장애인이 될 수 있다.

 왜 나는 아니라고 하는가? 장애인들의 호소는 언제일지 모를 나를 위한 투자라고 생각했으면 한다. 아파트나 건물의 경사로, 엘리베이터와 차량의 오토매틱, 전동칫솔 등은 이제는 모두의 전유물이 되었지만, 원래는 장애인들의 편의를 위해 만들어진 것이다. 그런데 만들어 놓으니, 누가 잘 사용하는가? 바로 '누구나'이다.

 몇 년 전 우리 장애인단체(여주시 IL 센터)의 요구로 여주시청과 시의회에 엘리베이터를 만들어 놓았다. 막상 만들어 놓으니, 최대의 수혜자는 시청과 시의회 직원들 그리고, 민원인들이다. 너무 좋다고 하며 그들이 더 잘 사용하고 있다. 장애인들은 어느 별에서 뚝 떨어진 사람들이 아니다. 제발 장애인과 비장애인을 갈라치게 하는 일은 없었으면 좋겠다.

마치며

예상치 못한 삶의 전환점

인생의 위기 가운데 있는 분이 이 글을 읽고 위로를 받을 수만 있다면 더 없이 좋겠습니다.

내 속으로 '글을 쓰면 참 좋을 것 같다'란 생각을 평소에 했었는데 생각지도 못한 기회가 와서 열심히 했지만 쉽지만은 않은 경험이었다.

내가 살아온 길이라 담담하게 쓸 수 있었으나 앞으로 어떤 글을 쓸 수 있을까 생각해 보며, 지도해 주신 서연하 강사님과 함께 집필에 동참한 작가들의 노고에 감사드린다.

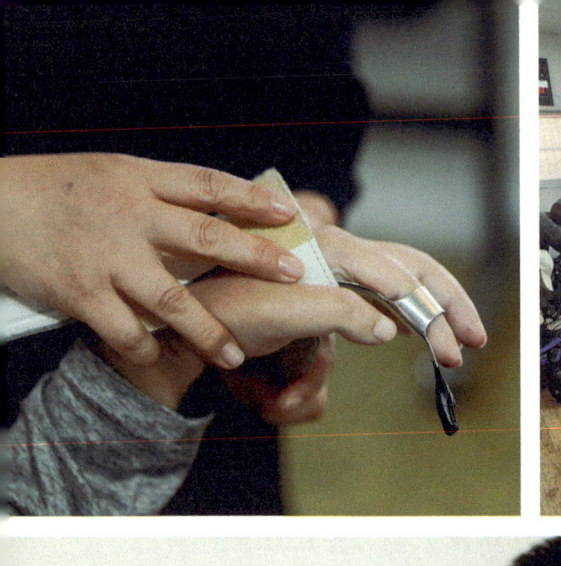

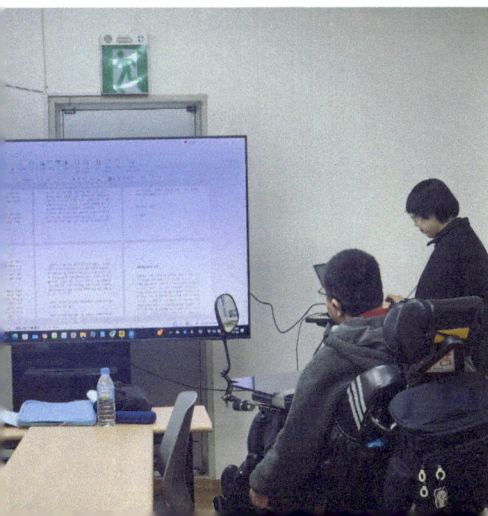